U0442932

新时代党员干部学习丛书

# 笔杆子的好帮手

## 公文写作精讲

聂鑫 —— 著

一看就懂
一学就会
一用就成

新华出版社

图书在版编目（CIP）数据

笔杆子的好帮手：公文写作精讲 / 聂鑫著．
北京：新华出版社，2023.4
ISBN 978-7-5166-6773-6

Ⅰ．①笔⋯　Ⅱ．①聂⋯　Ⅲ．①公文—写作
Ⅳ．① H152.3

中国国家版本馆 CIP 数据核字（2023）第 050940 号

## 笔杆子的好帮手：公文写作精讲

| 作　　者： | 聂　鑫 | | |
|---|---|---|---|
| 出 版 人： | 匡乐成 | 出版统筹： | 许　新 |
| 责任编辑： | 赵怀志 | 特约编辑： | 赵星冉 |
| 封面设计： | 华兴嘉誉 | | |

出版发行：新华出版社
地　　址：北京石景山区京原路 8 号　　邮　　编：100040
网　　址：http://www.xinhuapub.com
经　　销：新华书店、新华出版社天猫旗舰店、京东旗舰店及各大网店
购书热线：010-63077122　　中国新闻书店购书热线：010-63072012

照　　排：华兴嘉誉
印　　刷：三河市君旺印务有限公司

成品尺寸：170mm×240mm
印　　张：18.75　　　　　　　　　字　　数：210 千字
版　　次：2023 年 8 月第一版　　　印　　次：2023 年 9 月第二次印刷
书　　号：ISBN978-7-5166-6773-6
定　　价：58.00 元

图书如有印装问题请与出版社联系调换：010-63073969

# 成为您的帮手是我莫大的荣幸

## —— 致读者的一封信

亲爱的读者朋友：

通过本书，能成为您的帮手是我莫大的荣幸。接下来的日子里，我会倾我所有，尽我所能，愿您学有所乐、学有所获、学有所顺。

愿您学有所乐。撰写本书的初心并不是为了向大家讲讲课，而是只想和大家谈谈心，所以在全书中，我使用平实的语言、质朴的文风、丰富的案例、清晰的逻辑和真挚的情感来讲述公文写作技巧，希望能让我和您一起轻松愉悦地畅游在知识的海洋之中。

愿您学有所获。书中融汇了许多专家、学者所撰写的专著和论文，其中也有些没能查明出处的参考资料，在此先向原作者所付出的辛勤劳动表示衷心的感谢。我将全书分为十大章，每一大章又分为五小节，每一小节都力求内容丰富、重点突出、观点深刻、技巧实用，希望能让我和您一起共同学习，共同进步。

愿您学有所顺。为了能成您找得着、聊得来、信得过、用得久的贴心好帮手，我开通了名为"秘书之声"的微信公众号和抖音号，我会经常撰写或转载一些有关公文写作的心得，同时，您的留言，我会及时给予回复。希望这份缘分能让您今后的工作和生活越来越顺！

微信公众号：秘书之声

抖音号：1052316252

聂　鑫

2023 年 7 月 1 日

/ 序言一 /

# 一本受欢迎的公文写作工具书

覃道明

畅销书《文稿起草新八问》作者

继《燃旺信仰的火焰》一书热销后，聂鑫先生撰写的新书《笔杆子的好帮手：公文写作精讲》再次由新华出版社出版发行，这本新书在"搭架子"上巧妙构思、在"定料子"上去粗取精、在"盖房子"上精雕细琢，具有很强的思想性、启发性和实战性，不禁让人感慨：原来公文写作可以这么学！不容置疑，这本新书是非常适合写作的入门读者和进阶读者阅读，也非常适合作为相关培训机构的教材使用。

## 一、在"搭架子"上巧妙构思

本书在运筹帷幄中有条不紊地搭好"架子"，使读者一看就懂、一学就会、一用就成。

一是内容全面。本书的内容涉及广大公文写作者需要熟悉的公文写作理论方面的基础知识，以及各类公文的写作和具体模板，全书囊括了领导讲话、新闻稿件、经验材料、调研报告、法定公文等大部分常用的文体，让读者一书在手，万事无忧。

二是条理清晰。本书分为十大章，每一大章又分为五小节。分别从思想上、学习上、站位上、模仿上、布局上、文体上等方面进行阐述，注重实用性和可操作性，使读者全面认识和把握公文写作的基本脉络和规律。

三是讲解细致。本书从公文的原理和概念讲起，逐步深入到公文写作的各方面内容，深入浅出地解析了各种常用公文的主要特点、基本结构、写作技巧及注意事项，让读者一学就会。

## 二、在"定料子"上去粗取精

本书经过"沙里淘金"的"定料"功夫，使读者能够更好地吸收到公文写作的精髓。

一是"精"。本书精选广大公文工作者迫切需要了解和掌握的内容，表述简明扼要，彰显"精讲"的特色。例如，书中从综合类讲话材料、专项类讲话材料、工作汇报类讲话材料、传达精神类讲话材料、礼仪类讲话材料等方面精讲了领导讲话的各种写法。

二是"准"。本书在编写过程中，把准确性放在首位，无论是对公文写作基本技法的讲述，还是对不同文种写作技法的介绍，均做到言必有据，准确无误。

三是"新"。本书根据党和国家公文法规的一系列新精神、新要求编写，突出前沿性和时新性，贴近实践，给读者以别开生面之感。

## 三、在"盖房子"上精雕细琢

本书经过精雕细琢已成为一座漂亮的房子，让读者使用起来更加丝滑舒适顺手。

一是技巧阐述透彻。本书没有枯燥无味的大白话，均是具有操作性的"干货"，在写作技巧上阐述得比较透彻。例如，书中深入浅出地讲解了数字式、字词式、谐音式、同类式、对比式、形象式等概括形式，使读者能够更轻松地掌握概括的技巧。

二是语言表达鲜活。本书没有抽象高深的理论，没有叠床架屋的表达，而是注重将抽象的、理性的内容用形象化的语言表达出来，使公文写作讲解栩栩如生，简明而生动。

三是范例引用贴切。本书是作者多年写作经验的总结，书中不仅引用了一些作者刊登过的真实稿件，也将公文写作常用的词句进行了分类整理，供广大公文写作者在谋篇布局、开拓思路、搭建框架时查阅，以节省遣词造句时间。

/ 序言二 /

# "笔杆子"是这样练成的

李永新

畅销书《笔杆子是怎样炼成的：公文写作实战》作者

2017年，一篇党课讲稿《做最优秀的自己》刷爆朋友圈，被赞为"最燃党课"，其作者正是新书《笔杆子的好帮手：公文写作精讲》作者聂鑫。后来我的公众号"出彩写作"也相继转载了他的多篇讲稿，均获得广大网友的好评。刚开始，我也和广大网友一样，好奇聂鑫先生是如何成为一名优秀的"笔杆子"？如今，走近聂鑫先生才发现，一切都源于他的吃苦耐劳、他的思维缜密、他的开拓创新、他的温恭自虚。

**源于他的吃苦耐劳**

聂鑫先生为了讲好党课《做最优秀的自己》，用了一个月的时间写讲稿、改讲稿、背讲稿，每天忙到凌晨一两点。平日里，他也是勤于学习，勇于钻研，学习笔记是一捆又一捆，装了满满好几大箱。他用近一年的时间发表文章100余篇，也用近一年的时间，撰写了三本书，这本书是其中一本，另外一本书《燃旺信仰的火焰》已于2022年出版，还有一本书正在计划出版中。

**源于他的思维缜密**

一篇好的公文并非"辞藻的堆积"。聂鑫先生撰写的公文谋篇布局,起承转合,离不开"用心良苦"。聂鑫先生撰写的文章,大多数分成三至四个大的部分,每一大部分又分成几个小部分,将一环扣一环的素材精心设计,层次清晰、详略得当、切合主题,既能旁征博引,又能结合实际,充满着感染力。这本书也是遵从了这一特点,每一章节的讲解在整体脉络上给人感觉非常清晰明了。

**源于他的开拓创新**

创新才有生命力。通过学习聂鑫先生所写的文章,不难发现他是一个非常注重创新的人。例如,他把生涩难懂的理论知识转化为"大白话",用"小角度"讲清"大道理",用"身边事"讲实"硬道理",用"新角度"讲透"老道理"。这本书也是非常具有特色,全书从公文的原理和概念讲起,深入浅出地解析了领导讲话、新闻稿件、经验材料、调研报告、法定公文等文体的主要特点、基本结构、写作技巧及注意事项,具有很强的思想性、启发性和实战性。

**源于他的温恭自虚**

《燃旺信仰的火焰》一书出版发行后,销售不到一个月,就荣登京东网同类书籍排行榜第一名。面对意外走红,网友的各种赞誉,聂鑫先生在中华人民共和国年鉴社举办的"新华对话"中说:"其实比我讲党课讲得好的人比比皆是,论理论功底、论视野站位、论实践经验,我还有很多不足之处,今后我还要多多学习。"全国多地邀请聂鑫先生前去授课，最终都被他婉言谢绝。接下来的日子，他表示要更加严格地要求自己，用学习的态度琢磨工作，用吃苦的精神投入工作，用创新的意识扛起工作，用低调的姿态慎待工作，来践行党的根本宗旨。温顺谦恭而不自满，是他不断取得进步的前提。

# 目 录

**第一章　从思想上认识到位** …………………………………………… 1
　　第一节　写是一种阶梯 / 2
　　第二节　写是一种智慧 / 3
　　第三节　写是一种武器 / 5
　　第四节　写是一种欢乐 / 8
　　第五节　写是一种涵养 / 10

**第二章　从学习上钻研到位** …………………………………………… 13
　　第一节　勤学多读 / 14
　　第二节　注重积累 / 18
　　第三节　常写多练 / 20
　　第四节　跟高手学 / 22
　　第五节　善于总结 / 24

**第三章　从站位上提高到位** …………………………………………… 27
　　第一节　努力提高综合素质 / 28
　　第二节　深入实际调查研究 / 29
　　第三节　尊重知识尊重人才 / 31

第四节　不断积累实践经验 / 33

　　第五节　善于把握主要矛盾 / 35

**第四章　从模仿上练习到位** ·················· 39

　　第一节　模仿是无罪的 / 40

　　第二节　明确模仿对象 / 42

　　第三节　如何利用网络 / 43

　　第四节　在模仿中创新 / 48

　　第五节　模仿也有禁忌 / 50

**第五章　从布局上谋划到位** ·················· 57

　　第一节　认真审题 / 58

　　第二节　选定结构 / 59

　　第三节　拓展思路 / 62

　　第四节　罗列提纲 / 63

　　第五节　填充素材 / 64

**第六章　从文体上把握到位** ·················· 67

　　第一节　如何写好新闻报道 / 68

　　第二节　如何写好领导讲话 / 82

　　第三节　如何写好经验材料 / 115

　　第四节　如何写好调研报告 / 124

　　第五节　如何写好法定公文 / 139

## 第七章　从内容上概括到位 …………………………… 169
第一节　概括的定义 / 170

第二节　概括的作用 / 170

第三节　概括的方式 / 172

第四节　概括的要求 / 174

第五节　概括的运用 / 175

## 第八章　从标题上提炼到位 …………………………… 179
第一节　小标题的好在哪里 / 180

第二节　小标题的提炼过程 / 182

第三节　小标题的常用词汇 / 183

第四节　小标题的常用比喻 / 187

第五节　小标题的实用案例 / 189

## 第九章　从修改上琢磨到位 …………………………… 223
第一节　不要只求速度 / 224

第二节　不要仅重次数 / 225

第三节　不要单独修改 / 227

第四节　不要只凭感觉 / 228

第五节　不要只看内容 / 230

## 第十章　从身体上保养到位 …………………………… 233
第一节　引起重视 / 234

第二节　分清主次 / 235

第三节　劳逸结合 / 236

第四节　注重养生 / 238

第五节　调好心态 / 240

**附录一　党政机关公文处理工作条例**……………… 243

**附录二　党政机关公文格式**……………………………… 254

**附录三　校对符号及其用法**……………………………… 278

**后　　记**……………………………………………………… 283

**特别鸣谢**……………………………………………………… 284

# 第一章
# 从思想上认识到位

爱因斯坦说过:"兴趣是最好的老师。"孔子也曾说过:"知之者不如好之者,好之者不如乐之者。"思想认识是行动的先导,热爱写材料,是写好材料的前提。如果自己都不热爱,就不愿意写,那就很难将材料写好。

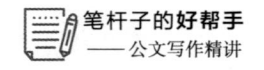

## 第一节　写是一种阶梯

　　写好材料可以显才、显能、显绩，它是干部成长进步的阶梯。材料写得好的人最容易被发现、最容易被关注、最容易被认可。会写是干部进入组织视野的一条捷径，真正会写材料的人，大多更有出路！

　　华国锋在1955年时任湘潭地委书记，当时，因为他写了《克服右倾思想，积极迎接农业合作化运动高潮的到来》《充分研究农村各阶层的动态》《在合作化运动中必须坚决依靠贫农》三篇文章而获得毛泽东的赏识，得以在长沙得到毛泽东的接见。

　　在接见时，因为会写文章，华国锋讲起话来不慌不忙，有条有理。毛泽东一连问了几个问题，他都是有问必答，对答如流。毛泽东对他的汇报表示满意，会后还合影留念。

　　1959年庐山会议后，毛泽东多次和华国锋谈话，知道他实干、工作细致，是个老实人，于是提名他为湖南省委常委、书记处书记。华国锋当时只有38岁，在全国省委领导中也是年轻的，后来还担任中共中央主席、中央军委主席、国务院总理等职务。

　　邓小平反复强调过："拿笔杆是实行领导的主要方法""不懂得用笔杆子、不会拿笔杆子，这个领导就是很有缺陷的"。1981年，中央专门发出指示，要求"领导干部必须亲自动手准备自己的重要讲话、报告，亲自指导、主持自己领导范围内的重要文件的起草"，并明确指出"这是一个重大原则问题"。

　　毛泽东就是会写文章的典范，他写的《星星之火可以燎原》《改造我们的学习》《论十大关系》等文章都产生过巨大影响。可以说是"笔杆子治国"。领导干部练好笔杆子，不仅是为了提高文字水平和文化素质，改善机关文风学风和领导作风，更是一项关乎治国理政基础的必修内功。

虽然有的材料是给领导写的，被拿走了，但是写材料的本事是自己的，学会了没有人能拿得走。写材料的人常年跟在领导身边，接触事情的广度和深度是常人无法比拟的，更多时候还要设身处地站在领导的角度思考问题，提出解决问题的思路，自身能力也得到不断提高。

公文写作能力事实上是一项重要的综合能力，更是一种无法估价的本事。要写好公文材料需要像政治家一样高瞻远瞩，像哲学家一样理性思考，像教育家一样富于启发，像史学家一样深刻厚重，像文学家一样引人入胜。具有了这样的能力素质，还有什么事情干不好呢？

从事文字工作所形成的知识积累、所受到的良好熏陶、所经历的艰苦磨炼，可以为日后的成长进步奠定基础、厚植潜力，从而插上腾飞的翅膀。我们要想能够立足、干得好、有长远的发展，能写出好材料是必须过的一关。

有的同志不愿意写材料，思想上害怕，本领上恐慌，在实际行动上"躲"。当时可能会轻松一点，可是能力得不到提高，久而久之就可能会落伍，就可能会被淘汰。

## 第二节　写是一种智慧

在繁华的巴黎大街的路旁，站着一个衣衫褴褛，头发斑白，双目失明的老人。他不像其他乞丐那样伸手向过路行人乞讨，而是在身旁立一块木牌，上面写着："我什么也看不见！"街上过往的行人很多，却都对

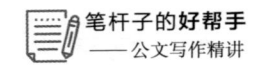

木牌上的字无动于衷。

一天中午，法国著名诗人让·彼浩勒也经过这里。

他看看木牌上的字，问盲老人："老人家，今天上午有人给你钱吗？"

"唉！"老人愁容满面，叹息着回答，"我，我什么也没有得到。"

让·彼浩勒听了，沉吟了一下，把木牌悄悄翻过来，拿起笔写上"春天到了，可是我却什么也看不见。"

晚上，让·彼浩勒又经过这里，询问老人下午的收入情况，老人笑着对诗人说："先生，不知为什么，下午给我钱的人多极了！"让·彼浩勒听了，也摸着胡子满意地笑了。

"春天到了，可是我什么也看不见"这富有诗意的语言，产生这么大的作用，就在于他有非常浓厚的感情色彩。是的，春天是多么美好的，那蓝天白云，那绿树红花，那教堂尖顶的莺歌燕舞，那塞纳河畔嬉戏的孩子，怎能不叫人陶醉呢？但这良辰美景，对于一个双目失明的人来说，只是一片漆黑。这是多么令人心酸呀！当人们想到这个盲老人连万紫千红的春天都看不到，怎能不对他产生同情之心呢？[①]

这则故事来自北师大课文的文章《语言的魅力》，它充分说明语言是世界上最简单也最难的一种能力。

网络上曾流传着一篇很火的文章——《语言表达和写作能力决定一个人的发展与未来》，作者濮实是一位在剑桥大学访学的学者，他通过与身边顶尖学者们的交往以及日常观察，并结合自身的经历和思考，得出"使用语言的能力决定人的发展潜力"这个结论。

---

[①] 王大赫、郭全斌：《语言的魅力》，北师大课文四年级下册文章，百度百科，https://baike.baidu.com/item/%E8%AF%AD%E8%A8%80%E7%9A%84%E9%AD%85%E5%8A%9B/6738837?fr=aladdin。

语言是思想的外衣。党的十八大以来，习近平总书记发表的一系列重要讲话、重要文章，风格鲜明、思想深邃、内涵深刻，用历史映照现实、远观未来，闪耀着马克思主义的真理光芒。

例如，习近平总书记在讲话中曾引用出自《荀子·大略》第二十七篇的内容："学者非必为仕，而仕者必如学。"强调领导干部加强学习的重要性。这些重要讲话和文章中充满魅力的语言，为国内外社会各界喜闻乐见。

懂得运用语言，只言片语就能打动人，不懂得挖掘语言的魅力，越是滔滔不绝越可能招来反感。而写作蕴藏着语言的无穷能量。真正精辟的观点和深邃的思想，真正能够留存于历史长河之中的作品，都是将说的内容写出来。写是要落到载体上的，是有严密逻辑的，是需要严谨思考的，是必须反复打磨的。人类用语言无法表达的东西，博大精深的汉字常常可以无声而善解人意地加以表达，当之无愧成为人类的另一种语言。写出来的言语文字，不仅是一种交流的工具，更是一种智慧。

## 第三节　写是一种武器

孙子在《孙子兵法》第三篇《谋攻篇》中提出："是故百战百胜，非善之善也；不战而屈人之兵，善之善者也。"意思就是说百战百胜在军事行动中并不是最高明的，不通过交战就能使敌人屈服，才是最高明的。

据《史记》载文，齐国大将田单攻打聊城一年多，士兵伤亡虽大，可就是攻不下来。大文人鲁仲连写了一封书信，给素不相识的守城燕将。燕将读了书信之后，哭泣三日拔刀自杀，从而结束了一场谁都不愿看到的"生灵涂炭"。

毛泽东曾说："我要用'文房四宝'打败国民党四大家族。""文房四宝"指的就是中国化的马克思主义。新中国成立前夕，毛泽东充满激情地说过："谢谢马克思、恩格斯、列宁和斯大林，他们给了我们以武器。这武器不是机关枪，而是马克思列宁主义。"[①]

马克思没有一兵一卒，在最为困难时，马克思写道，"因为外衣进了当铺，我不能再出门，因为不让赊账，我不能再吃肉"，甚至不得不借钱安葬生病去世的女儿。然而他却用思想改变了世界。

习近平总书记也评价说："在人类思想史上，就科学性、真理性、影响力、传播面而言，没有一种思想理论能达到马克思主义的高度，也没有一种学说能像马克思主义那样对世界产生了如此巨大的影响。"

在土地革命战争时期，国民党反动派一方面对红军进行残酷军事围剿，另一方面借助其掌握的宣传机器进行反共宣传，挤压我党我军的生存空间。

国民党把红军描述成"杀人放火，奸淫抢掠，不要历史，不要文化，不要祖国，不孝父母，不敬师长，不讲道理，共产共妻，人海战术，总之是一群青面獠牙，十恶不赦的人"。

针对这种情况，毛泽东坚持一手抓军事斗争，一手抓舆论武器，强调"共产党是左手拿传单右手拿枪弹才可以打倒敌人的"。

1927年，毛泽东在"八七"会议上提出了"须知政权是由枪杆子中取得的"[②]的著名论断。枪杆子是革命胜利的保障，其重要性是不言而喻的。另一方面，笔杆子对推动中国革命胜利也起了至关重要的作用。因为笔杆子可以创造思想，脱离笔杆子的枪杆子是没有思想和灵魂的，只

---

[①]《毛泽东选集》第4卷，人民出版社1991年版，第1469页。
[②]《毛泽东文集》第1卷，人民出版社1993年版，第47页。

能制造死亡，当然它最终也将被消灭。所以从某种意义上来讲，笔杆子里面也出政权。

美国作家罗斯·特里尔在《毛泽东传》中写道："笔和枪，永远是毛泽东的两样武器。"①

鲁迅先生曾学过采矿学，学过医学，最后拿起了笔杆子。在他看来，唤起民众精神的觉醒，改造和提高人们的精神境界，是民族解放和社会解放的当务之急。毛泽东评价鲁迅说："他用他那一支又泼辣，又幽默，又有力的笔，画出了黑暗势力的鬼脸，画出了丑恶的帝国主义的鬼脸"。②"他一点不避锋芒地把钢刀一样的笔刺向他所憎恨的一切"③。

1940年6月，延安鲁迅艺术文学院举行建院两周年纪念大会，前来致贺的八路军总司令说了这么一番话："在前方，我们拿枪杆子的打得很热闹，你们拿笔杆子的打得虽然也还热闹，但是还不够。这里，我们希望前后方的枪杆子和笔杆子能亲密地联合起来。"

1941年6月，《解放日报》发表社论《欢迎科学技术人才》，更是以一种宾至如归的口吻写道："我们虔诚欢迎一切科学艺术人才来边区，虔诚地愿意领受他们的教益。"

回顾党的革命历程，共产党的枪杆子总体上来说远远不如国民党，但是"小米加步枪"硬是战胜了"飞机加大炮"，在其中，笔杆子功不可没。毛泽东用如椽巨笔写下的《星星之火，可以燎原》《论持久战》等光辉巨著，指导我党我军从胜利走向胜利。

---

① [美] 罗斯·特里尔:《毛泽东传》，何宇光、刘加英译，中国人民大学出版社 2010 年版，第 396 页。
② 《毛泽东文集》第 2 卷，人民出版社 1993 年版，第 43 页。
③ 《毛泽东文集》第 2 卷，人民出版社 1993 年版，第 44 页。

正如拿破仑所说，世上有两种力量：利剑和思想；从长而论，利剑总是败在思想手下。

## 第四节　写是一种欢乐

网上有一篇文章《为什么单位里写材料的人越来越少？》，里面调侃道："举杯邀明月，我在写材料；夕阳无限好，我在写材料；春眠不觉晓，还在写材料；举头望明月，低头写材料；少壮不努力，老大写材料；商女不知亡国恨，一天到晚写材料；垂死病中惊坐起，今天还没写材料；在天愿作比翼鸟，在地就得写材料；洛阳亲友如相问，就说我在写材料；人生自古谁无死，来生继续写材料！"

其实，也没那么苦，更没那么悲壮！这个世界上，本来就没有不辛苦的岗位，"钱多事少待遇好"的岗位是不存在的，每个岗位、每种工作各有各的苦。交警工作不累吗？无论白天黑夜风里雨里，他们都在各大路口等着你。信访工作不累吗？跟上访户打交道，他们不但要练就好口才和心理素质，还可能遇到一言不合就动手的人。

刘若英在《艺术人生》节目中接受采访时曾说："其实没有一个工作是没有委屈的。"

写材料无疑是非常辛苦的工作，要认真审题、选定结构、拓展思路、罗列提纲、填充材料，一篇文稿的"出炉"，往往经过反复"捶打""淬火"，少则几次，多则几十次，经常是"996"，甚至"007"。想着同龄人灯红酒绿的快乐生活，而我们却常常与一盏孤灯、一摞材料、一台电脑相伴到黎明，还往往容易得电脑病、颈椎病。但是，这些绝对不是写材料的全部。

一是迫切想写是快乐的。我们在需要写材料时，只要是内心迫切想写，那自己一定是快乐的。若能享受其中，享受与思想者的对话，享受与思维的辩论，享受与逻辑的争锋，享受与文字的游戏，苦必然会成为乐。

二是文能辅政是快乐的。任何一个地区、任何一个部门的领导，和广大群众的接触毕竟是有限的。党和政府的决策和部署，法规和规章，以及重要事项的宣布等一般需要通过讲话或文件来传递或部署。讲话或文件越准确、越及时，就越有利于动员和组织群众，从而拧成一股绳，聚成一股劲，谋发展、抓落实。当我们写的材料内容落实到实际工作中去时，那自己更是快乐的。

三是能够立言是快乐的。《左传·襄公二十四年》提到："太上有立德，其次有立功，其次有立言，传之久远，此之谓不朽。"大意是说，人在有生之年，首先要以高尚品德垂范后世，其次要以丰功伟业造福社会，再就是要以著书立说垂教后人。一个人做到立德、立功、立言这"三立"，就可以称之为"三不朽"了。[①]

古往今来，众多文人雅士、社会精英、有志青年，将立德、立功、立言这"三立"，作为人生追求的目标、完善人生的典范。正所谓"人生不过是场梦，唯有文章传千古"，当自己有价值的人生经历和思考被自己记录、传播、挖掘，内心能不快乐吗？古人云："年寿有时而尽，荣乐止乎其身，二者必至之常期，未若文章之无穷。"

---

[①] 田永清：立德·立功·立言，《共产党员（河北）》2018 年 22 期。

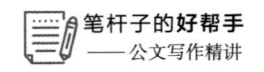

## 第五节　写是一种涵养

　　曾国藩的《冰鉴》一书中就蕴含着一个观点，人的思考也是一种运动，伴随着相关的气血运行和更为复杂的生理原理。长期思考、勤动脑筋的人自然也会与他人有不同的面部特征。

　　古人也早就认为，潜心读书或写材料本来就是一种气功态，因而文化人与其他人的面部气质确实不一样。

　　这犹如冰河洗石，天长日久，河流中的石头与其它石头有明显的外形差异。水流情况不一样，石头外形差异也不一样，平缓水区与激流险浪处的石头就有区别。石头的差异来自外力的作用，人的面部特征则源于内部思维力量的冲刷和熏陶，外显出来就是气质、神态、精光等的区别。[1]

　　当我们还是个孩子时，我们吃过很多食物，现在已经记不清吃过什么了。但可以肯定的是，它们中的一部分，已经长成了我们的骨头和血肉。读书和写材料也是如此。

　　最是书香能致远，腹有诗书气自华。读书和写材料可以改变容颜。你若天生丽质，读书和写材料可为你锦上添花，你若容貌普通，读书和写材料可让你气质高雅，变得可爱。例如，一个女人外表的美都是短暂的，唯有知识和涵养修饰自己才能美丽一生。

　　苏轼在《答张文潜书》中说："其为人深不愿人知之，其文如其为人。"据此有了"文如其人"这一成语，也就是通过看文章，就可以知道其作者的人品、性情。

---

[1] 原著：曾国藩，评析：常征，《冰鉴智谋》，中国物资出版社，2005年5月，第6页。

一个善于做人的人，写出来的材料、讲出来的话就会是真话、实话、掏心窝子话，而不会是昏话、废话、假话，甚至不说人话。

一个对党绝对忠诚的人，写出的材料就会突出"政治性"。

一个缺乏爱心、不热爱生活、对生活没有激情的人，不会写出真诚感人、温暖人心的文章。

内心狠毒，文字必定阴冷；正在谈恋爱，文字就灿烂。谦虚的人，必然好学；有教养的人，文字必然雅致；乐观的人，文字必然生动；宽容的人，文字必然大气；认真的人，就不会错字连篇。人实在文笔才能实。

郭沫若认为，文章要写得准确，鲜明，生动，首先要看写文章的人的思想、立场、作风怎样。什么样的人就写什么样的文章，思想正确、态度鲜明、作风正派，写出来的材料才能立场坚定，思想健康、内容充实、符合实际。

所以文品就是人品、文风就是作风、文章就是形象，文章写得越美，人越美。

# 第二章
# 从学习上钻研到位

写材料不是玩拼拼凑凑的"文字游戏",而是更像打仗一样,需要系统的谋篇布局,科学的排兵布阵。

写好材料跟有没有文采没有绝对关系,一般而言,只要能够分清主谓宾定状补,只要不是病句连篇,写材料就完全够用了。所以并非语言功底强的文科生就容易写出好材料,相反是逻辑思维强的理科生更容易写出好材料。

我们要想成为一名优秀的"笔杆子",就要通过勤学多读、注重积累、常写多练、跟高手学、善于总结,能当得"苦行僧",做成"有心人",从而不断提升自身写作能力。

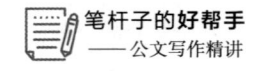

## 第一节　勤学多读

毛泽东常说："我一生最大的爱好是读书。""饭可以一日不吃，觉可以一日不睡，书不可以一日不读。"据党史专家不完全统计，毛泽东一生读书在9万册以上。他是一个农家子弟，只有中专学历，为什么一跃成为中国乃至世界的伟人？他没有读过一天军校，为何能统率三军，指挥千军万马，打败比自己强大百倍千倍的对手？其原因和他酷爱读书密不可分。正是因为读书，才使毛泽东具有了渊博的知识和高超的政治智慧。

正如习近平总书记所说："读书学习是领导干部胜任领导工作的必然要求。'工欲善其事，必先利其器。'从古今中外历史中可以清晰地看到这样的现象：事有所成，必是学有所成；学有所成，必是读有所得。

现在，我们的各级领导干部承担着执政兴国、执政为民的重要职责，肩负着为官一任、造福一方的重要使命，要认清科学发展大势、把握科学发展规律、统领科学发展全局、创造科学发展业绩，所有这些都离不开读书学习。"

习近平总书记的讲话就善于引经据典，通过古为今用、推陈出新，赋予其鲜活的当代价值和意义。

当我们看到一些领导出口成章时，会分外钦佩，殊不知这都和他们平时的勤学多读是密不可分的。

对于写材料的我们来说，勤学多读是提高写作水平的前提。

在浩如烟海的知识中，"信息爆炸"赋予我们知识取之不竭，用之不尽的可能性，但每个人每天只有二十四小时是亘古不变的铁律。所以，我们要处理好泛与精、博与专的关系。

一是海量泛读。所谓海量泛读，就是每天要抽出固定的时间广泛地去读。

1912年，毛泽东以第一名的成绩考入湖南全省高等中学校（后改名为湖南省立第一中学），但是半年后毛泽东就主动从学校退了学。这是为什么呢？

原因就是当时学校的课程有限，满足不了他的求知欲，而湖南图书馆的书很多，所以毛泽东就退学，每天早出晚归，步行三里地到湖南图书馆去看书。他阅读的书籍非常广泛，传统的经史子集和世界各国的历史、地理、哲学和文学著作，无所不读。

不过，他的主要精力还是用来研读西方18、19世纪资产阶级的哲学和以进化论为核心的近代科学著作，如卢梭的《民约论》、达尔文的《物种起源》，以及严复翻译的著作，如亚当·斯密的《原富》、孟德斯鸠的《法意》、赫胥黎的《天演论》、斯宾塞的《群学肄言》等。

1913年春，毛泽东考入五年制的湖南省立第四师范。当时学校条件较差，没有阅览室和图书杂志，毛泽东每天必到学校里悬挂当天报纸的地方看几十分钟，周末常到湖南图书馆看书，到朋友处借书。第二年春天，第四师范合并到湖南第一师范。一师图书馆藏书丰富，对师生开放，借阅时间不限，报刊开架阅览。毛泽东阅读的书籍，从先秦诸子到明清时代思想家的著作无不涉猎，从二十四史到司马光的《资治通鉴》，从《昭明文选》到《韩昌黎全集》，从顾祖禹的《读史方舆纪要》到本省的县志，他都认真地研读。中国传统文化的优秀部分，包括人格修养和智慧，都对青年毛泽东产生了深刻的影响。[①]

---

[①] 吴密：图书馆与青年毛泽东的读书生活，《光明日报》2016年8月2日11版。

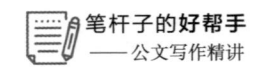

我们要学习毛泽东广泛涉猎各个方面的知识，开阔思路。

二是按需精读。所谓按需精读，就是从海量的知识中去选择需要多读精读的文章。

毛泽东的一生中，读得遍数最多、读得最熟、读得时间最长的一本书是马克思、恩格斯著的《共产党宣言》。

1936年，毛泽东与美国记者斯诺谈话时说："有三本书特别深刻地铭记在我的心中，使我树立起对马克思主义的信仰。我接受马克思主义，认为它是对历史的正确解释，以后，就一直没有动摇过。这三本书是：陈望道译的《共产党宣言》，这是用中文出版的第一本马克思主义的书，考茨基著的《阶级斗争》，以及柯卡普著的《社会主义史》，到了1920年夏天，我已经在理论上和在某种程度的行动上，成为一个马克思主义者而且从此我也自认为是一个马克思主义者了。"1939年底，他自己说《共产党宣言》读了不下一百遍，后来的几十年里，他自己说："每年都把《共产党宣言》读几遍。"

不同的人有不同的读书需求，这就要看我们对自己的定位，或者从实用的角度来说，目前自己的工作需要提高哪些能力？

比如，组织部门的同志要精读《中国共产党组织工作条例》。纪检部门的同志要精读《中国共产党纪律检查委员会工作条例》。政法委、公安局、检察院、法院、司法局等部门的同志要精读法律方面的书籍。财政、审计、统计、银行等部门的同志要精读经济学方面的书籍。自然资源和规划局的同志要精读土地管理法方面的书籍。业务范围内的书不去精读，就难以熟练掌握相关知识，最终就导致难以胜任本职工作。

另外，要想成为一名优秀的"笔杆子"，还要精读上级文件、领导讲话等内容。

三是挤时间读。鲁迅曾说:"时间就像海绵里的水,只要愿意挤,总还是有的。"读书也要学会挤时间。

毛泽东在延安在职干部教育动员大会上讲话时曾说:"在忙的中间,想一个法子,叫做'挤',用'挤'来对付忙。好比开会的时候,人多得很,就要挤进去,才得有座位。又好比木匠师傅钉一个钉子到木头上,就可以挂衣裳了,这就是木匠向木头一'挤',木头让了步,才成功的。自从木头让步以来,多少木头钉上钉子,把看不见的纤维细孔,'挤'出这样大的窟窿来,可见'挤'是一个好办法。""在每天工作、吃饭、休息中间,挤出两小时来学习,把工作向两方面挤一挤,一个往上一个往下,一定可以挤出两小时来学习的。"

毛泽东是"挤"和"钻"精神的提倡者,更是实行这种精神的模范。青年时期他曾在路灯下看书,甚至躲在厕所里看书。新中国成立后他日理万机,工作十分繁忙,但仍利用饭前饭后、节假日、旅途间隙读书。1975 年,毛泽东的眼睛做手术后,视力有所恢复,又开始了大量阅读,有时竟然一天读上十几个小时,甚至躺在床上量血压时仍手不释卷。在他的一生中,他是经常挤出时间来读书,就在去世前的那一天还读了 7 分钟的书。

习近平总书记更是把读书当作一种生活方式,努力使一切有益的知识和文化入脑入心。1969 年新年刚过,辗转火车、卡车、徒步,不到 16 岁的他,从北京来到陕西省延川县文安驿公社梁家河大队插队。村里人对他的第一印象是,"这个瘦高的后生有两个很沉的箱子"。直到与习近平相熟了之后,他们才知道,两个箱子里,原来装的满满都是书。到处找书、看书成了他知青岁月中劳动之余的重要主题。乡亲们记得"近平炕上都是书""有时吃饭也拿着书",累了一天晚上还点着煤油灯看"砖头一样

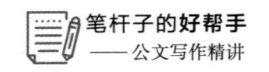

厚的书"。

其实，"笔杆子"的一天，通常很忙很琐碎，基本拿不出整块时间坐下来看报刊文件。写到一定程度，忙到一定程度，每天的心境可能会很紧张、很焦虑，充斥着强烈的本领恐慌，担心由于没有掌握足够多的情况，在"遭遇战"中写出的东西没有高度、没有灵气。这就要求我们要学会挤出一些零散的时间来学习。

## 第二节　注重积累

俗话说："巧妇难为无米之炊"。如果没有足够的一手素材，写出来的材料就会很空洞。陆游有句诗："汝果欲学诗，工夫在诗外。"积累资料，实际上是"诗"外的功夫。

列宁曾经说过："聪明在于学习，天才在于积累。"

鲁迅也曾说："无论什么事，如果不断收集材料，积之十年，总可成一学者。"

如果我们把写材料比作是建筑房屋的话，那么积累资料就是准备建筑材料。好的材料不是凭空写出来的，而是对已有资料进行梳理、加工出来的，是丰厚素材积累的结晶。

大师们的成功之路，都是靠积累资料铺平的。比如，鲁迅逐字摘录了 90 多种、1500 多卷古书，写出了《中国小说旧闻钞》。又如，马克思读了 1500 多种书籍，抄了 100 多本笔记，写出了《资本论》。再如，司马迁能编写成 52 万字的伟大著作——《史记》的原因有两点：一是不仅司马迁自己当过史官，他的祖上好几辈都担任过史官。二是由于他在当汉武帝的侍从官时，跟随皇帝巡行各地，后来还奉命到巴、蜀、昆明一带视察，使他能够实地考察收集史料。

注重积累资料具体来说有两大好处：

一是查找方便。人的脑子容量有限，看过的东西不可能都装得下、记得住，要是漫不经心，看过就丢，肯定毫无增益。如果将其储存在电脑或者笔记本中，就有利于查找，不会等真正需要的时候，又再也找不到。

二是加深印象。储存下来的资料，即使永远用不上，也由于整理归档的原因，印象得到加深，实际上对自己的知识功底也起到了"润物细无声"的潜移默化作用。

如何积累资料呢？那就要建立"三个库"：

一是上级精神素材库。要留心收集上级文件和领导讲话等资料，认真学习，深入分析，明确上级精神的总体要求是什么，做到贯彻上级精神全面不变形，体现上级政策规定具体不走样。对上级的一些固定表达和精华表述要着重储备，做到有备无患，需要的时候用之。

二是本级情况素材库。首先要掌握单位所做的事情，根据全年工作的安排，看工作进展情况，养成随手记录的习惯，把日常工作中单位发生的一些重要事情和活动记录下来；其次要掌握基层的热点信息，经常下沉到基层一线了解实情，对重要的事件和数据，要做到准确无误地记录；另外要将所有与工作有关的文件、信息、简报等材料，分门别类收集下来。

三是外地经验素材库。无论是外地，还是本地，其相同的工作都是按照党中央、国务院的部署来进行的，所以模式上比较固定，可以说，工作方法、工作经验"大同小异"。因此，要充分利用报刊、互联网收集与本级相同工作的做法，从而拓展写作思路。

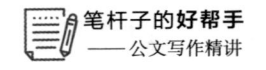

另外积累资料还要做到"四有"：

一是脑中有目录。储存参考资料时，要建立清晰的文件目录，并在脑中留下印象，等到需要的时候，就能大致知道从哪里找到相应的参考资料。

二是手中有情况。大多数人储存参考资料都是使用电脑进行储存，电脑也有发生损坏的可能。所以在依靠电脑记录参考资料的同时，也要拿出本子简要摘记主要内容。

三是家中有书房。家里配置一间书房，有利于将平时看到的一些有用的纸质资料整理归档，当然也有利于存放工具书。

四是灵感有记录。随时随地记下自己的所见、所闻、所感以及突然迸发的思想火花和闪光语言。只要这样坚持下去，就一定能积久成学，获得提高。

## 第三节　常写多练

被授予"加拿大总督功勋奖"的马尔科姆·格拉德威尔在《异类》一书中写道："人们眼中的天才之所以卓越非凡，并非天资超人一等，而是付出了持续不断的努力。一万小时的锤炼是任何人从平凡变成世界级大师的必要条件。"这就是著名的"一万小时定律"。

所以，在写作的道路上，我们不相信天赋，更愿意相信"一万小时定律"，写作能力就像身上的肌肉，只要自己按科学的方法去锻炼，久久为功，时间长了，肌肉自然就会凸显出来。

习近平同志在浙江工作担任省委书记期间，从2003年2月至2007年3月在《浙江日报》"之江新语"专栏发表短论232篇。我们更应抛开借口、克服懒惰，养成用笔推动工作、感悟生活的习惯，勤动笔、多动脑，在积累中升华、在思考中突破、在提炼中跃升，最终成为服务事业、服务人民的"笔杆子"。

清代学者唐彪曾说过这样一句话："盖常做则机关熟，题虽甚难，为之亦易；不常做，则理路生，题虽甚易，为之则难……"意思是说，经常动笔，写文章的方法就会熟练，即使是很难的题目写起来也会觉得容易；经常不动笔，写文章的方法就会生疏，即使是容易的题目，写起来也会觉得很难。

写材料是一项实践性极强的活动，如果"光说不练"，就会眼高手低，说起来头头是道，写起来却无从下手。如果看得多练得少，就算是把写作教程背得滚瓜烂熟，也写不出合格的东西来。

写公文材料，重在多写、贵在多练。常动笔、多动笔，无疑是提高写公文材料能力不可替代的基本途径。动笔的本质作用是固化学习成果，动笔最重要的是多承担写作任务，真正做到分内的认真写、临时指派的积极写、别人求援的见缝插针写。

写好材料没有捷径，特别是年轻人处于思考提笔的最好年龄，要不怕写、写不怕，多写、常写，在写的过程中学，在写的过程中"悟"，在写的过程中丰富知识，在写的过程中提高水平。

其一，从易到难。

一要先简单后复杂。先写一些简短的公文，例如，公告、通知、请示、函等难度不大的公文。一般来说，这样的公文材料写上两三次便能掌握其写作要领。接下来，就写一些难度稍大的公文材料。需要注意的是写公文材料不是写散文或诗歌，要去除"抒情风"，逐步增强对公文的语感，学习和掌握公文语言的运用。

二要先固定后变化。制度、规定、办法等便于借鉴，写起来相对容易，调研报告、经验材料、汇报总结等综合性比较强，难以把握。因此，可以先从格式相对固定的文体写起，然后再向变化较多的文体拓展。

三要先熟悉后陌生。先从自己熟悉的领域写起，再向陌生的领域深化。比如，组织部的干部要先把干部考察材料、民主生活会材料等写好，然后再尝试着去写其他领域的材料。

其二，多多投稿。

写材料虽然任务重，但也并非天天有得写，有得练。我们在平时不忙的时候，要抽出时间写一些新闻稿、理论稿等进行投稿。积极投稿的好处有以下三点：

一是熟悉了工作。在写的同时，我们也记录了工作，熟悉了工作，以便今后在写材料的过程中加以运用。

二是提升了能力。刀越磨越快，熟能生巧。爱动笔的人善于在动笔中摸规律、找诀窍，每写一次进一步、多练一次上一层，写多了就熟能生巧，逐步成为写作强手。

三是愉悦了心情。每当自己写的稿件被采用时，还能时不时收到一点稿费，心情是很愉悦的。同时，我们在不断提升了自己能力的同时，也增强了写作的信心。

## 第四节　跟高手学

古人云："他山之石，可以攻玉。"事实证明，善于学习借鉴别人的成功经验或者失败的教训，可以让自己在工作中少走许多弯路。一个人的智慧是有限的。

孔子说："三人行必有我师焉。择其善者而从之，其不善者而改之。"道出了人人有所长，人人有所短这样一个朴素的道理。

每个单位、每个部门都有相对来说的文字高手，要多向他们请教，多学习他们写的材料，这是提高写作水平的"灵丹妙药"。

要主动请缨，积极参与高手牵头的材料组，争取更多学习机会。既要学习具体的方法技巧，又要学习深层次的精髓思路。

跟会写的高手虚心求教，有时候"听高手一席话，胜读十年书"。在学习写作的过程中，每一个人都会遇到一些百思而不得其解的问题，这时，如果有人帮助捅破这层窗户纸，就会产生一种豁然开朗的感觉。在高手面前要敢于展示自己，大胆提出自己的意见，不能成为可有可无的"配搭"。所以，苦思苦练是重要的，虚心请教也是不可缺少的。

如果有机会，要积极全程参与综合性的文稿材料撰写，哪怕是在团队中负责打字也会学到不少东西。

一是有利于跟着高手学习。综合性的文稿材料一般都是精英组成的"写作班子"来完成，参与综合性的文稿材料撰写是跟着众多高手学写材料的最佳契机。

二是有利于全面了解工作。综合性的文稿材料涉及各个方面、各个渠道的信息，可以让自己更加全面地了解工作，为今后开展工作提供便利。

三是有利于增强写作信心。综合性的文稿材料需要分工协作，按照流程进行，当自己参与其中会让自己的思路更加清晰，写作的信心也大为提高。

向高手学习就要做到四勤：

"眼勤"，就是要多看。知识是有继承性的，不管研究哪一门学问，不吸收前人、他人的成果，是不可能登上顶峰的，所以我们要多看高手写的材料。

"耳勤"，就是要多听。高手们在讨论写材料时，是一场智慧碰撞的盛宴，既有高屋建瓴、睿智妙语，又有实战经验、心路历程，可以说精彩纷呈。所以我们要利用一切机会旁听高手怎么讨论开会。

"手勤"，就是要多记。要把自己所学的有用资料都摘下来，把点滴的体会都记下来。写文章是一项创造性的艰苦劳动。

"口勤"，就是要多问。搞学问不能孤立无友，孤陋寡闻。在撰写材料的过程中，除了质疑问难之外，还需要在一起讨论，切磋琢磨。这样，学问才会有长进。所谓学问，就是有学有问，只学不问是不行的。

## 第五节　善于总结

总结是一种智慧，也是一门学问。历览前贤俊杰，凡事业有成者，往往都善于总结。毛泽东在1965年与程思远谈话时所言，"我是靠总结经验吃饭的"。正是在不断地总结归纳中，我们走出了一条符合国情的中国特色社会主义道路，筑牢了事业发展的坚实基础。

轻视、怠慢总结，导致的结果只会是：只有表面、没有深层，只有事实、没有规律，只有现象、没有本质，只有感性、没有理性，无助于升华经验、提高认识、提升能力、促进工作。

人生需要总结，善于总结的人一定是提高最快的人，也是活得最明白的人。写材料也有规律可循，因此，也需要进行总结。

总结就要多"悟"，对过往的成功经验和失败教训进行经常性地反思，找出客观规律，从而不断进步。

"悟"就像一剂酵母，可以帮自己从实践中"发酵"出与原作不一样的东西来，这个东西就是我们的创新成果，也是总结的终极价值。具体来说，"悟"要做到以下三点：

一是及时性地"悟"。定稿后的公文材料，通常是经过反复修改而成。无论是每一次修改后，还是每一次定稿后，都要及时总结其原因，找出优点和不足。

二是定期性地"悟"。定期进行总结便于把握写材料的规律。限定一段时间，限定一个主题，当同一个问题二次出现甚至多次出现时，就可以总结其规律。

三是针对性地"悟"。针对自己公文写作中的薄弱环节，要有针对性地进行总结。例如，写经验材料还不行，那么就要多花时间琢磨党报党刊、相关简报内参等采用经验材料稿件的规律。

# 第三章
## 从站位上提高到位

视野不开阔,就看不清问题的本质,就看不清未来,就很难做出科学的决断。石雕上的蚂蚁,看到的是坑洼不平的石头,而我们人类看到的是精美的石雕像,原因就是蚂蚁看的是局部,人类看的是全局。三国时期的诸葛亮,曾身处农村,却胸怀天下,从而为蜀国立下了汗马功劳,使之能与魏国、东吴成三足鼎立之势。所以写材料,要放宽视野、胸怀全局,站在领导的高度和角度思考问题、审视问题,增强自身透视问题的宽度、远度和深度。

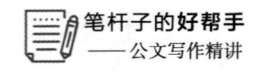

## 第一节　努力提高综合素质

如果不具备领导的能力，就看不清问题的本质，就看不清未来，就很难做出科学的决断。

### 一、满足岗位的专业要求

不管是一般干部，还是领导干部，要写好材料，就必须掌握丰富的业务知识和扎实技能。例如，从事党建工作的，就应当有较为全面的党建知识；从事司法工作的，就应当精通国家相关法律法规，熟悉各类案件的办理流程，等等。

### 二、适应时代前进的需要

要写好材料就要有领导者总揽全局的能力，作为领导涉及的工作方方面面，关注的事务千头万绪，这就要求"笔杆子"应当具备管理学、哲学、政治学、经济学、法学、历史学、文学艺术和科学技术等其他学科的知识，不断挖掘反映当代世界的新知识，这样才能取得主动权，在"拍板"时做到把握关键，有的放矢。

### 三、培养良好的心理素质

要写好材料就要具有领导者积极健康的心理素质，领导者心理素质是体力、智力、能力及其性格气质等多种素质的综合反映，是长期心理活动的结果。

任何领导者的心理素质都会有这样或那样的不足，不可能天生就尽善尽美。但这些不足是能够通过有意识地训练得到改进和克服，逐步臻于完善。

领导者的心理素质和状态，常常在决策中表现出来，直接影响决策和决策执行。因此，"笔杆子"更加需要加强心理素质的锻炼培养，特别需要培养训练充满自信、豁达乐观、尊重事实、客观公正、乐于进取、勇于竞争、临变不乱、多谋善断等心理素质，以良好的心理状态进行决策。

## 第二节　深入实际调查研究

调查研究是做好一切工作的基础，是打开认识世界之门的"金钥匙"，揽下改造世界"瓷器活"的"金刚钻"，也是我们党在长期革命、建设和改革开放实践中形成的优良传统。习近平总书记明确指出："没有调查，就没有发言权，更没有决策权。"

那么，怎样才能搞好调查研究呢？

### 一、端正调研态度

毛泽东说："没有眼睛向下的兴趣和决心，是一辈子也不会真正懂得中国的事情的。"做调查研究必须要有正确的态度，诚心诚意拜人民为师，既要听群众的顺耳话，也要听群众的逆耳言，做群众的知心人、交心人、贴心人，从而使各项决策和各方面工作符合实际情况、符合客观规律、符合人民意愿。

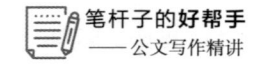

## 二、坚持问题导向

领导干部搞调查，首先脑子里面要有问题，如果脑子里面连一个问题也没有，就去搞调查，那就会搞得没有边际、失去针对性。坚持问题导向，就要带着问题下去，力求准确、全面、深透地把事情的来龙去脉搞清楚，掌握调研活动的主动权，避免"被调研"。这样才能做到"对症下药"、科学决策。

## 三、善于解剖麻雀

"解剖麻雀"是毛泽东对典型调查方法的形象比喻。他指出，"要从个别问题深入，深入解剖一个麻雀，了解一处地方或一个问题"，"往后调查别处地方或别个问题，你就容易找到门路"。解剖一个麻雀，首先要选好麻雀，也就是要选好调查研究的典型。怎样找调查的典型呢？毛泽东说："调查的典型可以分为三种：一、先进的，二、中间的，三、落后的。如果能依据这种分类，每类调查两三个，即可知一般的情形了。"

## 四、进行讨论研究

毛泽东在《反对本本主义》一文中，用较大篇幅专门讲开调查会的调研方法。他认为开调查会，是了解情况最简单易行又最可靠的方法。那种不开调查会，不作讨论式的调查，只凭一个人讲他的经验的方法，是容易犯错误的。那种只随便问一下子，不提出中心问题在会议席上经过辩论的方法，是不能得出近于正确的结论的。

## 第三节  尊重知识尊重人才

尊重知识尊重人才，是领导干部科学决策的重要保证。这就要求注重多脑并用、各司其职。所谓多脑，就是内脑加外脑，左脑加右脑，人脑加电脑。

### 一、内脑加外脑

内脑的职责是选主意、定主意。外脑必须给内脑的工作或决策提出建议，否则就是外脑的失职。在领导决策活动中，要先外脑后内脑。

如果我们先内脑，把主意都定了，再去让外脑出主意，就等于先给外脑画了框框、定了调调，这就限制了外脑的创新思维。尤其是在内脑和外脑有上下级关系的时候，这个框框、调调对外脑的限制程度会更大，从而丧失了使用外脑的真正意义和价值。

另外，内脑既要尊重外脑的建议，又要必须有自己的主见，履行好选主意、定决策的职责。可见，只有内脑与外脑互不干涉，才能保证内脑和外脑的独立性，使内脑和外脑都能做到最大限度地发挥自己的创造性。

### 二、左脑加右脑

大脑两半球具有一种合作关系，即左脑负责语言和逻辑思维，而右脑则做一些难以换成词语的工作，通过表象代替语言思维。有一些科学家把左脑称为"自身脑"，把右脑称为"祖先脑"。

他们认为，右脑包揽着人的生活所必需的最重要的本能和自律神经

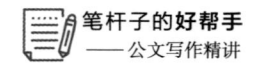

系统的功能，以及道德、伦理观念、宇宙规律等人类所获得的全部信息，它储存着500万年人类智慧的基础软件。

与右脑对应的左脑则储存人一辈子所获得的信息，从时间上计算，最多不过三五十年，极其短暂。虽然，由于各人年龄、生存环境的不同，获取的信息量也不同，但无论如何右脑储存的信息远远大于左脑。

有资料宣称，右脑所储存的信息是左脑的10万倍。所以，作为一个领导干部，需要左脑加右脑，需要左脑思维和右脑思维的平衡，这样就更能产生创新思维，进行正确决策。

### 三、人脑加电脑

随着计算机技术的迅速蓬勃发展，电脑已经可以在很多方面轻轻松松地打败人类。

例如，1997年5月11日，IBM公司的超级电脑"深蓝"击败世界冠军加里·卡斯帕罗夫，开创了电脑击败人类国际象棋世界冠军的新篇章。

电脑的信息存储量大，计算速度快，是人类无法比拟的。现代决策理论的首创者西蒙认为："决策过程中至关重要的因素是信息联系，信息是合理决策的生命线。"可见在一个决策过程中加大信息量，可以减少其中的不确定性，降低风险，帮助决策者做出最优决策。

利用电脑就可以跨越时空地浏览到网上庞大的信息库，电脑在领导决策中起着不可忽视的作用。但是人脑在策略、思维、艺术等方面具有非凡的优势，目前的电脑只不过是对人的左脑的模仿而制成的，我们在用电脑的同时，也要发挥人脑的能动作用。

## 第四节　不断积累实践经验

毛泽东曾告诫全党同志："不仅要读有字之书，还要读无字之书。"人生是一本蕴涵百味的"无字书"，既平淡无奇，又充满学问与哲理；既丰富多彩，又令人回味。读无字的书就要在实践中学习，实践是培养能力的第一课堂。要做出科学的决策，不走出办公室，不到一线去看、去观察，是行不通的。

### 一、树立群众是最好老师的理念

毛泽东曾参与组织新民学会会员留法勤工俭学的工作。他自己明明可以留法，但经过反复考虑却做出了不出国的决定。他认为，留在国内学，研读中国国情这部"无字之书"，对实现他改造中国的本领"更有利"。后来事实证明，他的选择是正确的。正是因为他对中国国情的深入了解，把学到的马克思主义基本原理同中国实际很好地结合起来，从而探索开创了中国式革命道路。

领导干部要树立群众观念，深入群众，向群众学习。既要学习优良传统作风，还要了解淳朴的民风民俗，把群众当作良师益友。力求做到：经验从群众中总结，办法在群众中产生，矛盾在群众中解决。

### 二、明白处处留心皆学问的道理

井冈山曾有一个"山大王"名叫朱孔阳，他总结了一条经验：不要会打仗，只要会打圈。毛泽东取其所长，避其所短，对战士们说，"我们要改变它一句：既要会打圈，又要会打仗""强敌来了，先领它兜个圈子，等它的弱点暴露出来，就要抓得准，打得狠，要打得干净利落，要有缴获""打得赢就打,打不赢就走,赚钱就来,蚀本不干,这就是我们的战术"。这也最终形成了毛泽东"敌进我退,敌驻我扰,敌疲我打,敌退我追"的游击战术思想,创造了革命战争史的巨大奇迹。

"笔杆子"要到群众中学习,不要被动地干什么就学什么,而要广泛收集群众中的文化语言、民间流传的历史古典、群众普遍的生活习惯等相关知识,处处事事留心,不断丰富自己的知识。

### 三、学会到一线去实践锻炼的方法

1946年春,毛岸英从苏联回到延安,在父子久别重逢的情形下,毛泽东首先考虑的是让毛岸英到社会实践中去锻炼。他对毛岸英说:"你在苏联长大,在苏联大学读书,读的是洋学堂。我们中国还有个学堂,就是劳动大学。过些时候,我给你找个校长,上劳动大学去。"不久,他便给毛岸英找来了"校长"——边区劳模吴满有。临行前,他教导毛岸英:"你要同乡亲们同吃同住、同劳动,要从开荒干起,一直到收获。这样你就会有切身感受到的艰辛,懂得劳动人民的伟大。"

中华人民共和国成立后,毛泽东又先后安排没有农村劳动经历的大女婿孔令华和李讷分别到北京郊区黄土岗公社、井冈山中央办公厅"五七干校"参加劳动锻炼。[①]

可见,基层是最好的学校,农村是最大的课堂,农户是最好的教室。"笔杆子"要经常深入到田间地头、农户院落,同农民一起劳动,促膝谈心,相互交流。学会应用"规划在农户中制定,措施在农户中落实,效益在农户中体现"的工作方法。

---

[①] 李合敏:毛泽东是怎样教育和要求子女的,《党史纵览》2019年01期。

## 第五节　善于把握主要矛盾

红军长征的时候，走到云南扎西镇，就明显感觉走不动了，为什么？上海地下党的同志费了很多心血从德国买了一台X光机，战士们中弹负伤后，就用X光机投射，以确定弹片位置进行手术。大家视其为宝贝，最多的时候一个排的兵力抬着它，护着它。

毛泽东要把X光扔掉。大家就疑惑了，以后得病了怎么办？毛泽东认为命都没有了，X光机有什么用？扔掉X光机，丢掉"坛坛罐罐"，将来我军打胜仗了会送来更好、更多的X光机，保住有生力量才是最重要的。

中央红军就在扎西经过精简缩编，卸下了背上的"包袱"，甩掉了"坛坛罐罐"，精简了机构，充实了连队，增强了部队的战斗力和机动性。红军战士精神抖擞，轻装向东前进，破娄山夺遵义，取得长征以来的一次大胜利。

善于把握重点就是抓住主要矛盾，抓住中心环节，兼顾全局，是毛泽东领导艺术的核心。毛泽东指出："研究任何过程，如果是存在着两个以上矛盾的复杂过程的话，就要用全力找出它的主要矛盾。捉住了这个主要矛盾，一切问题就迎刃而解了。"他批评道："万千的学问家和实行家，不懂得这种方法，结果如堕烟海，找不到中心，也就找不到解决矛盾的方法。"这真是一针见血之论。

在辽沈战役中，东北人民解放军拥有野战部队70万人，地方部队30多万人，而国民党军队共约55万人，我军兵力几乎是其两倍。时机就到了，毛泽东认为如果不趁这个时机将国民党卫立煌的精锐部队歼灭，使其逃窜后，对接下来的解放战争会带来很大的后患。

毛泽东便下了大决心，要求东北野战军主力不惜冒巨大风险，长途奔袭打锦州，"而置长春、沈阳两敌于不顾"。果然，锦州一解放，东北同关内的联系一切断，北面的沈阳和长春两个问题便"迎刃而解"了。

集中力量解决主要矛盾这个道理，明白容易，真要做到却十分不易。毛泽东谈战争问题时说道："集中兵力看来容易，实行颇难。人人皆知以多胜少是最好的办法，然而很多人不能做，相反地每每分散兵力，原因就在于指导者缺乏战略头脑，为复杂的环境所迷惑，因而被环境所支配，失掉自主能力，采取了应付主义。"结果，受许多次要因素的牵扯，分散力量，处处应付，四平八稳，下不了大决心，也就做不出大事来。

毛泽东指挥作战时，同样经常面对复杂的环境。他总是强调要服从全局，按照解决主要矛盾的需要，大踏步前进或后退，必要时不惜下壮士断腕的决心，以求得全局形势的有利发展。

解放战争中国民党军队向延安大举进攻，当时解放军兵力在这里处于绝对劣势，毛泽东断然决定撤出延安。这样做当然要付出不少代价，一些干部想不通。毛泽东告诉他们，要从大处着眼，权衡主次得失。他说："我军打仗，不在一城一地的得失，而在于消灭敌人的有生力量。存人失地，人地皆存；存地失人，人地皆失。敌人进延安是握着拳头的，他到了延安，就要把指头伸开，这样就便于我们一个一个地切掉它。"这是何等的睿见和气魄！以后的事实证明，他的决断是完全正确的。

当然，主要不等于唯一，集中力量解决主要矛盾不等于对其他方面的问题统统丢开不管。毛泽东提出要"学会'弹钢琴'"，[①]在民主革命时

---

① 金冲及：《毛泽东工作方法的几个特点》，《人民日报》2013年12月27日07版。

期，毛泽东一方面强调中心工作是军事和打仗，另一方面又号召做好其他革命工作，如发展生产、搞活经济、政权建设和思想政治工作、组织工作、宣传工作、统战工作。井冈山斗争时期、中央苏区时期、延安时期都是如此，毛泽东身体力行、以上率下，为全党作出表率。

在社会主义革命和建设时期，"十大关系"的处理，就是毛泽东"弹钢琴"的集中体现，通过处理好经济建设、国防建设和政治关系、国际关系、民族关系等主要矛盾关系，推动了社会主义建设扎实有序开展。

写公文材料也需要把握主要矛盾，世间没有说得完的话，一篇文章不可能把所有的话都说完。一篇公文材料，往往会涉及方方面面、多个层面。既有轻重之分，也有缓急之分。

"笔杆子"要以最少的文字表达更多的信息和内容，就应抓住重点、抓住要点、抓住要害，做到以重带轻、以急带缓，切勿贪大求全、平分秋色、面面俱到。那种面面俱到的文章，要么是"流水账"，要么就是"这个是基础，那个是关键"，结果是什么都强调了，等于什么都没强调。

## 第四章
# 从模仿上练习到位

刚开始接触写材料的朋友，可能像无头的苍蝇一样没有头绪。这个时候，科学合理地模仿则是一条相对快捷的路子。准确把握模仿的要义，在模仿的过程中巧取他山之石，为我所用，值得研究和探讨。

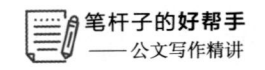

## 第一节 模仿是无罪的

《辞海》中说:"模仿是依照一定榜样做出类似动作和行为的过程。人在掌握语言和各种技能的过程中,以及艺术习作的最初阶段,都要借助于模仿。自觉地仿效先进的榜样,可以吸取别人经验,扩大自己经验,作为进一步发挥创造性的基础。"[1] 所以"模仿"并不是贬义词。

意大利幼儿教育家玛利亚·蒙台梭利认为,孩子的每一次成长,都是从模仿大人开始的。当我们还是小孩子的时候,我们的动作、语言乃至行为习惯都离不开模仿。

模仿也是艺术起源之一。很早的时候,人们就提出"艺术起源于模仿"。古希腊的德谟克利特、柏拉图和亚里士多德都有艺术起源于模仿及艺术如何模仿的论述。

茅盾先生也说:"模仿是创造的第一步,模仿又是学习的最初形式。"这些言论都充分说明了模仿在学习中的重要性。

例如,世界上第一台蒸汽机并不是詹姆斯·瓦特发明的,但是詹姆斯·瓦特经过反复改良前辈的发明,制造出了第一台有实用价值的蒸汽机,使之成为"万能的原动机",在工业上得到广泛应用。他开辟了人类利用能源新时代,使人类进入"蒸汽时代"。

艾萨克·牛顿也借鉴了众多前辈探索的经验,在此基础上,经过自己辛勤的思索与探究,建立了经典力学体系。他在1675年2月给胡克的回信中说:"如果说我比笛卡尔看得更远,那是因为我站在巨人们的肩

---

[1] 引自《辞海》1979年版第1319页。

膀上。"

人生在世，由于受好多因素的限制，人的阅历是有限的，因而自己积累的经验也就有限了。

不同的人有着不同的阅历，从而形成了不同的经验。

要想让自己不断丰富和积累各种经验，提高生命的质量，就要学会借鉴他们的经验。

善于借鉴，是个人走向成功的必备素质。

写作同样也离不开模仿。

我国南宋的思想家朱熹也坦言："古人作文作诗，多是模仿前人而作之。"

唐代皎然在《诗式》中把模仿的方式归纳为"偷语""偷意""偷势"三种。

梅罗柏借鉴了圣诞节之夜的故事，创作了《鲁道夫》，贾谊借鉴了秦朝的历史创作了《过秦论》，杜牧借鉴了阿房宫的故事创作了《阿房宫赋》。

所以说，天下文章一大抄，看你会抄不会抄。这个"抄"不是剽窃别人文章，而是在反复学习、仔细研究的基础上，取其精华，去其糟粕，进而"吸收、继承、模仿、创新"，既有他人的长处，又有自己的独特观点。

模仿他人写作有三大好处：

一是树立了写作标杆。有了写作标杆，就可以唤醒初学者的审美意识，从而更加明确写作的方向和思路。

二是提高了写作效率。"抄"的过程，就如同站在"巨人"的肩膀上行走，运用别人成熟的思考结果，既避免走弯路，还能"速成"。

三是加强了思维训练。可以说，任何一篇优秀的文章，都是写作者思维精华的浓缩，这样的文章见多了，"抄"多了，就可以跟着高手的"节拍"一起舞蹈，慢慢地，自己的思考水平也就提升了。

## 第二节　明确模仿对象

模仿是"笔杆子"撰写公文材料的一种常态，因此，首要任务就要明确模仿哪些公文材料。

### 一、参照上级模仿

公文材料有一项功能就是将上级工作安排和部署传达贯彻下去，所以模仿不仅是一种公文材料写作技巧，也是工作的需要。

一方面，对上级的文件和会议精神要原原本本、不折不扣地传达；

另一方面，又不能不动脑子，完完全全照抄照搬，而是将上级的文件和会议精神与本地实际情况相结合，这样才能写出上接"天线"、下接"地气"的公文材料。

### 二、参照圈子模仿

同一个行业在同一个时间段开展同一项活动，那么其撰写的公文材料都是差不多的，行业内的单位可以相互借鉴。

因此，"笔杆子"要尽可能建立自己的公文材料"圈子"，这样在需要时就可以向"圈子"内的朋友讨要，有时只需要简简单单的翻新便可以使用，这样可以大大提高写作效率，少费许多脑力。

### 三、参照下级模仿

大量的新情况、新经验、新问题都来自基层，只有掌握了基层的实际情况，了解群众的所想所愿，才能真正写出有价值的东西。离开了对基层情况的了解和把握，公文材料就成了无源之水、无本之木。

只有深入了解基层，吃透"下情"，才能写出高质量的公文材料。

因此，"笔杆子"要广泛收集基层的做法、经验、事例、数据等，这样写出来的材料才更实在、更充实、更有质量。

### 四、参照模板模仿

公文材料属应用文体，它具有应用文体的一般特点，即具有政治性、权威性、规范性和实用性等。

特别是《党政机关公文处理工作条例》中规定的决议、决定、命令（令）等15种公文种类，他们都有相对固定的格式和套路，掌握了这些规律，写起来就轻松多了。

因此，"笔杆子"在平时要分门别类地收集一些参考范文，需要的时候可作参考，从而提高写作效率。

## 第三节　如何利用网络

在互联网上，有大量的标题、提纲、案例、数据、金句、名言、警句等写作素材，这就要求我们要学会充分使用。

如今，我们在用百度进行搜索的时候有个困扰，搜索结果中，前面好几页都来自商业类网站，不仅质量不敢恭维，甚至还要付费看全文。

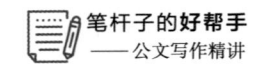

搜索引擎还有很多使用技巧，可以提高搜索准确度，或是得到最需要的查询结果，下面我们就一起学习下搜索引擎的使用技巧。

## 一、使用 site 指令搜索

使用 site 命令可以搜索指定网址的关键信息，比如政府网址：gov.cn，人民网：people.com.cn，求是网：qstheory.cn，党建网：dangjian.cn。

**格式**：关键词 + 空格 + site: + 网站。

**示例**：在百度搜索框中输入"聂鑫的党课 site：gov.cn"，搜索的结果中就有来自政府官网的稿件。见图一。

图一　百度搜索"聂鑫的党课"的截图

## 二、使用 filetype 指令搜索

使用 filetype 指令可以查询特定格式的文件，比如 doc、txt、xls、ppt、pdf。

**格式**：关键词 + 空格 + filetype：+ 文件后缀名。

**示例**：在百度搜索框中输入"最燃党课 filetype：doc"，搜索的结果中就有关键词"最燃党课"有关的 doc 文档。见图二。

图二　百度搜索"最燃党课"doc 文档的截图

## 三、使用双引号搜索

在想要搜索的关键词上加双引号,可对关键词进行精确搜索,其搜索的结果中关键词完整出现。

**格式**:"关键词"。

**示例**:在百度搜索框中输入"最燃党课",搜索的结果中关键词"最燃党课"连在一起的,如果不加"",搜到的为"最燃"和"党课"两个词并列显示结果,没有这么精确匹配。见图三。

图三　百度搜索"最燃党课"的截图

## 四、使用 intitle 指令搜索

使用 intitle 指令搜索出来的页面中所有标题均含有所需要的关键词。

**格式**：intitle: + 关键词。

**示例**：在百度搜索框中输入"intitle：燃旺信仰的火焰",搜索的结果中所有标题包含了关键词"燃旺信仰的火焰"。见图四。

图四　百度搜索"燃旺信仰的火焰"的截图

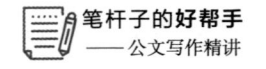

## 第四节　在模仿中创新

冰出于水而寒于水，模仿，然后超越。我们可以从模仿中获得创新的灵感，找到创新的途径。

### 一、重新排列组合

参考一篇文章写一篇文章是抄袭，参考三篇文章写一篇文章是模仿，参考十篇文章写一篇文章就是创造。

我们在模仿的时候，文章需要什么就抄点什么，但绝对不能整篇全抄，全抄就是抄袭，抄袭是绝对会遭人唾弃的。

一篇文章，文体采用甲的形式，结构融汇乙的骨架，内容涉足丙的涵盖，语言渊源于丁的精彩，甲、乙、丙、丁优化组合，是它又非它，使文章的素材来自"四面八方"，引用不单一，模仿的痕迹自然就看不见。

### 二、重新进行表达

很多文章内容不同，但格式相通；很多事情做法不同，但道理相通；很多故事情节不同，但是意义相通。我们在领悟的基础上再进行表达就是创新。

其一，替换。

将原文中的词语替换成意思相近的词语。

例如，"强化"改为"加强"、"载体"改为"平台"、"狠抓"改正"突出"、"坚持"改成"围绕"、"注重"改成"扭住"、"创建"改成"开展"，等等。

其二，增减。

对于没有表达充分的句子进行增加内容。对于内容繁琐的句子，在不改变原意的情况下，进行删减。简单理解就是换汤不换药。

例如，我的新书《燃旺信仰的火焰》由新华出版社出版发行时，湖北日报的新闻标题为《湖北网红干部聂鑫的"最燃党课"正式由新华出版社结集出版》。孝感日报的新闻标题为《云梦聂鑫的"最燃党课"由新华出版社结集出版》。

其三，优化。

对一些文字内容进行优化，将简单的叙述修改成排比句或者比喻句，不仅更能体现工作、更符合材料的需要，还能给文章增添色彩。

例如，有网友对我的新书《燃旺信仰的火焰》评价说，书中故事之间的穿插是思维缜密、逻辑严谨，能让人轻松愉悦的阅读。作者把对信念的坚定、对事业的忠诚、对梦想的执着灌注其中，将磅礴充沛的情感转化为充满温度的思想，以自己的初心激荡起读者的初心，进而迸发继续前进的强大精神力量。这种既有理论厚重感又有实践针对性，经得起反复推敲和时间检验的党课，就像一杯香茶，唇齿留香，回味无穷。

经过优化后：细细品读此书，犹如享受一次旅行、聆听一首音乐、品味一杯香茶。

### 三、结合实际模仿

模仿他人的材料要与当前自身的实际情况相结合，找准切入点、抓住结合点、明确着力点。

其一，做到上下结合。

学习借鉴上级的材料要与本地本单位工作相结合。

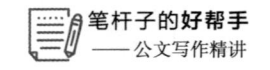

其二，做到内外结合。

学习借鉴外地的材料要与本地本单位的实际情况相结合。

其三，做到古今结合。

学习借鉴之前的材料要与当前的新理念、新形势、新做法相结合。

## 第五节　模仿也有禁忌

模仿也有禁忌，一定要明白站位并非越高越好、抓手并非越多越好、素材并非越全越好、篇幅并非越长越好、语言并非越美越好。

### 一、站位并非越高越好

起草公文材料，应综合考虑领导层次、受众层次等多方面因素，哪一级就说哪一级的话。行文的对象若是上级机关，公文中就要少引用上级精神，少讲道理，少发议论，多谈自己做的工作；若是下属单位，在叙述的详略和侧重点上要有所区别，多谈指导性的话。

### 二、抓手并非越多越好

找准工作抓手，工作就会增添活力。工作抓手太多，说明没有把握主要矛盾，或者文章条理不清，逻辑混乱，导致具体执行者或读者茫然无序、无所适从。

### 三、素材并非越全越好

模仿不是最终目标，而是为了写好公文材料。不能因为参考的范文素材过多，导致文章啰嗦，或者偏离主题。因此，在找范文素材时要精选。

## 四、篇幅并非越长越好

在撰写公文材料时，明明几百字可以说清楚的，却偏偏要引经据典洋洋洒洒写成了万言书，热衷于官话、套话、空话，使得一篇好端端的公文材料变成了望而生厌的"鸡肋"。因此，撰写公文材料点到为止，意到即可，无需过多地旁征博引、卖弄文采。

## 五、语言并非越美越好

《国家行政机关公文处理办法》规定，撰写公文应当做到"情况确实，观点明确，表述准确，结构严谨，条理清楚，直述不曲，字词规范，标点正确，篇幅力求简短"。通俗地讲就是要写得准确、简朴、庄重，不宜过于在形式美和语言美上瞎鼓捣。

**范文参考**

### 一本有吸引力的党员教育培训教材

李松（新华社记者、时政类畅销书作家）

今朝襄盛会，华夏谱新篇。值党的二十大胜利闭幕不久，湖北云梦县聂鑫同志撰写的《燃旺信仰的火焰》一书由新华出版社出版，面向全国发行。该书以习近平新时代中国特色社会主义思想为指导，紧密联系新时代中国特色社会主义生动实践，对党员干部关心的一些问题作了深入浅出的解读，观点权威准确、语言通俗易懂、文风清新简洁、形式活泼多样。读后，深深感到这本书有以下几个鲜明特点。

一、视野开阔引人入胜

这本书以理论高度、历史视角、世界眼光深刻分析问题，在人类社会发展历程中找准时代新坐标，在世界浩浩荡荡的洪流中把握前进大趋势，上下五千年、纵横八万里，读起来思接千载、视通万里。

一是理论和实际相结合。这本书以习近平新时代中国特色社会主义思想为指导，坚持用马克思主义立场观点方法来认识和分析问题实事求是地进行理论阐释和实践解读，做到理性客观、全面辩证。比如，本书在阐释新时代，在实现中华民族伟大复兴中国梦的伟大征程中，一方面，我们用几十年时间走完了发达国家几百年走过的工业化进程；另一方面，也意味着当前和今后一个时期必将进入各种风险挑战不断乃至集中显露的时期，面临的重大斗争不会少。

二是历史和现实相贯通。历史是最好的教科书，论从史出，这本书将党史、新中国史、改革开放史、社会主义发展史与党领导下的中国特色社会主义现代化建设实际结合起来，增强内容的"厚度"，从而提升党员教育的理论说服力。比如，书中将历史与实际相结合，从对党的历史的理解和把握中弄清楚中国共产党为什么能，中国特色社会主义为什么好，归根到底是马克思主义行，是中国化时代化的马克思主义行等基本道理。

三是国际和国内相关联。这本书立足中国、放眼世界，在国际重大时事中彰显中国政治的优越性，激励党员同志们要保持清醒的头脑，秉持初心，团结奋斗。比如，书中从时代大潮、全球风云中分析演变机理、探究规律，提出了"为世界谋大同的中国情怀"这一观点。同时，书中饱含着中华民族优秀传统文化养分，处处可见中国元素、中国精神。

二、故事经典扣人心弦

这本书之所以让大家看得懂、记得牢、做得到、用得上，就是用好了身边的素材，比如红色案例、鲜活故事、反面教材等，让理论讲解深入人心，真正达到以红色故事服人、以鲜活故事动人、以反面故事触人的效果。

一是以红色故事服人。红色案例能起到更好地传承红色革命精神、坚定红色革命信念的作用。这本书通过讲述触及党员干部灵魂、引起思想共鸣的红色案例，从而更好地教育引导广大党员干部坚定理想信念、筑牢初心使命。比如，书中《捍卫"两个确立"做到"两个维护"》一文，用革命先辈的红色案例论证了"两个确立"，是历史和时代的选择，具有厚重的历史依据、科学的理论依据和充分的实践依据。

二是以鲜活故事动人。鲜活的故事、生动的例子能让讲解更接地气。这本书把生涩难懂的理论知识转化为"大白话"，用"小角度"讲清"大道理"，用"身边事"讲实"硬道理"，用"新角度"讲透"老道理"，让党员教育入心入脑。比如，书中《如何成就"最燃党课"》一文中提到，毛泽东在抗大讲党课，讲到"矛盾"一词时，他举例说，矛盾就是打架。

三是以反面故事触人。党课不仅要多讲正面典型，还要用反面教材开展正反对比，达到警示人的目的。相对于正面典型的示范引导作用，这本书中反面典型的当头棒喝更让人心惊肉跳、发人深省。书中用苏联解体的历史悲剧印证了理想的动摇，是最危险的动摇；信念的滑坡，是最致命的滑坡。

三、内涵丰富耐人回味

作为一本优秀的通俗理论读物，《燃旺信仰的火焰》不仅立意高远，有高度、有深度，而且逻辑严谨、文风朴实、设计新颖，初入眼帘便让人手不释卷、欲罢不能，读后更是回味无穷、思之再三。

一是逻辑严谨。文章有条理，思路便显得清晰，否则，次序混乱，前言不搭后语，读者便很难理解文章要表达的主要内容是什么。而这本书中故事之间的穿插思维缜密、逻辑严谨，整个行文如流水一般，让人感觉就像一次轻松愉悦的完美旅行，去品味着原本枯燥无味的党课中的"风土人情"。

二是文风朴实。朴实自然、通俗易懂的语言可以让读者有一种亲切感，身临其境。这本书无论是使用民间俗语还是成语典故，既能一针见血直指问题，又能实实在在言之有物，让人一目了然。书中大量运用鲜活的事例、详实的数据，把理论形象化、生动化，让读者一目了然、印象深刻，大大提升了趣味性和可读性。

三是设计新颖。党员教育书籍贵在实用，这本书根据广大党员的实际需求编写，在内容上推陈出新、形式上不拘一格，简约之中彰显深刻内涵。另外，书中不仅附录了《中国共产党章程》，还设置了《党员政治生日纪念》《"七一"致党员的一封信》等单页，党组织可自行将党员的个人信息填写上去，为每名党员私人定制一份独特的学习纪念品。

（来源：《燃旺信仰的火焰》）

## 探寻"最燃党课"的"热力之源"

"细细品读此书，犹如享受一次旅行、聆听一首音乐、品味一杯香茶。它就像那冬天里的一把火，温暖了党员的心窝。"近日，党员教育培训教材《燃旺信仰的火焰》由新华出版社出版，看到该书内容后，火箭军某部马锋华发出了这样的感慨。

《燃旺信仰的火焰》一书销售不到一个月就荣登京东网同类书籍销售榜第一名，年底更是供不应求，不断加印，被赞为"最燃党课"。面对身边人的各种赞誉，书的作者聂鑫直言："自己的理论功底还不行，因为自己不是党校老师，所以大家对我比较包容，我还要多多学习。"探寻"最燃党课"的"热力之源",《燃旺信仰的火焰》一书视野开阔引人入胜、故事经典扣人心弦、内涵丰富耐人回味、专家助力令人信服。

一、视野开阔引人入胜

书中从时代大潮、全球风云中分析演变机理、探究规律,提出了"为世界谋大同的中国情怀"这一观点。同时,书中饱含着中华优秀传统文化养分,处处可见中国元素、中国精神。

这本书将理论和实际相结合、历史和现实相贯通、国际和国内相关联,以理论高度、历史视角、世界眼光深刻分析问题,在人类社会发展历程中找准时代新坐标,在世界浩浩荡荡的洪流中把握前进大趋势,上下五千年、纵横八万里,读起来思接千载、视通万里。

二、故事经典扣人心弦

书中《捍卫"两个确立"做到"两个维护"》一文,用革命先辈的红色案例论证了"两个确立",是历史和时代的选择,具有厚重的历史依据、科学的理论依据和充分的实践依据。

这本书之所以让大家看得懂、记得牢、做得到、用得上,就是用好了身边的素材,比如红色案例、鲜活故事、反面教材等,让理论讲解深入人心,真正达到以红色故事服人、以鲜活故事动人、以反面故事触人的效果。

三、内涵丰富耐人回味

2022年12月下旬,从书中节选的一篇文章《学"最燃党课"练好笔杆子》刷爆微信朋友圈。作为一本优秀的通俗理论读物,《燃旺信仰的火焰》不仅立意高远,有高度、有深度,而且逻辑严谨、文风朴实、设计新颖,初入眼帘便让人手不释卷、欲罢不能,读后更是回味无穷、思之再三。

书中不仅附有《中国共产党章程》，还附有《党员政治生日纪念》《"七一"致党员的一封信》等单页，党组织可自行将党员的个人信息填写上去，为每名党员私人定制一份独特的学习纪念品。另外，聂鑫开通了名为"秘书之声"的抖音号，针对读者提出的问题，聂鑫会及时给予回复。

四、专家助力令人信服

新华社记者、时政类畅销书作家李松为书作序评价说："一本有吸引力的党员教育培训教材。"中共中央党校（国家行政学院）青年学者叶子鹏，中国社会科学院青年学者马正立和中国人民大学青年学者张逊联名推荐，并给予高度评价。

书的作者聂鑫是全国"三会一课"专业党刊《党课参考》特约专家，其撰写的党课讲稿在互联网上广为流传，点击量过千万，被赞为"最燃党课"，其本人也成为"网红干部"，多次应邀赴北京、上海、广州、深圳等地讲授党课。"读此书如获至宝，既有故事可听，亦有思想可悟。我们公司的党员都非常喜爱。"广东省路桥建设发展有限公司广韶分公司党群部经理陈芳说道。

（来源：光明网）

# 第五章
# 从布局上谋划到位

写公文材料不是玩拼拼凑凑的"文字游戏",而是更像打仗一样,需要系统的谋篇布局,科学的排兵布阵。

写好公文材料跟有没有文采没有绝对关系,一般而言,只要能够分清主谓宾定状补,写出来的句子没有语病,写公文材料就完全够用了。所以并非语言功底强的文科生就容易写出好的公文材料,相反是逻辑思维强的理科生更容易写出好的公文材料。

南朝梁文学理论批评家刘勰在《文心雕龙》里特别强调谋篇布局的重要性,说它是驭文之首术,谋篇之大端,并且还专门辟出附会篇一章探讨了谋篇布局的总体方法:"总文理,统首尾,定与夺,合涯际,弥纶一篇,使杂而不越者也。若筑室之须基构,裁衣之待缝缉矣。"

也就是说,谋篇布局应该综概全篇的条理,使文章首尾连贯,决定写什么或不写什么内容。把各部分都加以整合,使之成为一个整体,做到内容虽然繁多,但是层次还是非常清楚。这就好比建筑房屋必须注重基础与结构,就好比做衣服要注重缝纫与裁剪。[1]

---

[1] 黄助昌:谋篇布局遵"三律",《新高考(语文备考)》2017 年 04 期。

## 第一节　认真审题

审题是写好材料的第一步，是材料成败的关键，题目把握得准，就事半功倍，题目吃不透，就劳而无功。要想做到审题准确，就要做到以下三个明确：

其一，明确主题。

古人云："意在笔先。"明确主题，是写材料过程中最重要的一个步骤，主题作为"灵魂"和"统帅"，是材料价值大小的关键因素。如果主题不明确，东一榔头、西一棒子，贪多求全，那后面所有的思考都没有意义。明确了主题，我们就知道哪些该写，哪些不该写，不至于偏题、离题、跑题。

其二，明确对象。

汇报、报告对上级，发言、交流对同级，讲话、通知对下级，每个材料都有特定的场合和特定的对象，起草材料必先界定范围，限制话题，不讲题外话。

其三，明确篇幅。

如果是书面材料，先问清有没有字数要求，要写多少字；如果是领导讲话、发言，则先要了解领导要用的时间是多少分钟，把需要写的材料篇幅确定下来。因为就同一个主题，文章写得可长可短，长有长的写法，短有短的写法。

如果是篇幅较长的文章，一般就要分多级标题，然后把每一个小点都讲透。如果要求文章篇幅较短，则需要文字精炼。总之，我们就是要认真思考，充分酝酿，在头脑中列出文稿的大体框架，为下步工作作出铺垫。

## 第二节　选定结构

文章的结构，如同人的骨架，一个人长得端正与否，骨架往往是最基础的一环，骨架畸形，就难以展现美感。

日本作家小林多喜二也曾说："正如'结构'两个字的字面含义同盖房子一样，不管你的材料多么优良，不管你的目的多么高尚，如果盖得不好，摇摇晃晃，结果是毫无用场的。"

艺术创作可以凭作者主观意向构思文章，采用"意识流动式、情感走向式、两条主线式"等方式来确立结构，但是公文材料不能。

如果公文材料结构不合理，就会造成层次不清、逻辑混乱，选结构的实质就是选择逻辑关系。公文材料主体部分的结构常用的有以下三类：

其一，并列式。

并列式结构是从不同的角度、不同的侧面来表现工作状况、揭示观点或展现经验等的一种结构方法。此种结构各层次之间是相对独立，平起平坐的并列关系。这种结构可以使思路在横向上向左右拓展，使材料表达更具深度和广度。

比如，被赞为"最燃党课"的《大就要有大的样子》一文中，用中国共产党展现出的八个大的特征，支撑起了世界上最大的政党"大的样子"。层次标题为：

第一，大团队。

第二，大理想。

第三，大情怀。

第四，大气魄。

第五，大境界。

第六，大胸襟。

第七，大格局。

第八，大智慧。

这种结构在综合性工作总结、调查报告、工作会议纪要、讲话稿及内容复杂一些机关公文材料中比较常见，文章的主体部分被分成几个角度相对并列展开，使得条理清晰。

其二，递进式。

递进式结构是按事物发展规律和内部联系，采取"由表及里、由简到难、由小到大、由浅到深、由低到高、由轻到重、由窄到宽"逐步分析、解决问题的方法来安排层次，一步一步地加以表达的一种结构方法。此种结构反映了人们认识事物的思维进程和思维方式，使材料的表达具有很强的逻辑性。

比如，被赞为"最燃党课"的《在学党史中传承红色基因》一文中，按"为什么学——学什么——怎么学"的顺序，逐步深入地讲解如何学好党史。层次标题为：

第一，学习党史，就要知道"为什么"。

第二，学习党史，还要了解"学什么"。

第三，学习党史，更要清楚"怎么学"。

这种结构还有很多种，有的按"是什么——为什么——怎么做"的顺序来展开；有的按"提出问题——分析问题——解决问题"的顺序来展开；有的按"现状——原因——对策"的顺序来展开；有的按"摆出事例——分析实质——带来启示"的顺序来展开，等等。此种结构的优点是循序渐进，步步深入，顺理成章，合乎自然等。

其三，时序式。

时序式结构是按照事物发生、发展的时间顺序，错落有致地组织材料、安排层次的一种结构方法，它反映的是材料思想体系的纵深发展。

一是按时间的先后顺序安排的纵式，通常写大事记等多采用这种安排。

比如，被赞为"最燃党课"的《不忘初心才能永远年轻》一文中，叙述"初心是不忘恩"的这一段落时，按"站起来——富起来——强起来"的时间顺序，展现了我们党和国家事业发展的历史性变革，揭示了中华民族走向伟大复兴的历史逻辑。

二是按事件发展过程安排的纵式，通常专项工作进度情况报告、专题调查报告、工作方法、人物成长、动植物生长、产品制作等多采用这种安排。

比如，我撰写的《燃旺信仰的火焰》一书中《如何成就"最燃党课"》一文，就是按"学——写——讲"的步骤，逐步深入地讲解提高讲党课能力的方法。层次标题为：

第一，在学习中增强本领。

第二，在思索中写好稿件。

第三，在实践中讲好党课。

在文章的诸种结构中，时序式结构被称为最自然的次序，但在应用时序式结构时最容易犯的一个毛病就是记流水账。因为这种结构的文章，时间因素占有极其重要的地位，容易不分巨细地把事情的过程和事理层次记叙下来，这样就使得材料写得过长，也将中心冲淡，事物的本质就不能得到有效的反映。一般来说，它适用于内容较为复杂但线条单一的新闻写作。

使用这种结构方法，除了要注意围绕主题精心选材、突出重点外，还要注意不要走进"前者前、中者中、后者后"记流水账、呆板阐述的

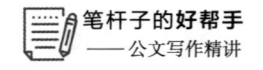

误区，适当运用倒叙、插叙等叙述顺序，避免平铺直叙，让文章结构尽量灵活多变。

## 第三节　拓展思路

扩展写作思路就需要种种联想的迁移、扩散、引伸，这是避免选材枯燥和老化、挖掘不深、立意不新的有效办法和主要途径。

由于事物间存在着各种不同的联系，联想也有不同的方式和类型。常见的有以下四种联想：

其一，相似联想。

相似联想指的是当我们看到或者想起一件事情的时候，脑子里会出现一些与它类似的事情。有时从一个信息源出发，通过多层次、多角度、多渠道——展开联想，从而获得更多的信息。

例如，从利用电脑开展学习，想到利用电视和手机开展学习。从为老年党员开展送书活动，想到为流动党员开展送书活动。

其二，接近联想。

接近联想指的是几件事情虽然不相似，但是由于在发生的时间或空间上的接近，使我们提起其中的一件事情时，就会想起其他事情。

例如，提到2019年，会想到武汉市抗击新冠肺炎疫情。提到卡塔尔，会想到第二十二届世界杯足球赛。

其三，对比联想。

对比联想指的是当我们先想起一件事情的时候，会想起某件与它相反的事情。

例如，从成绩，想到问题。从黑暗，想到光明。从"脏乱差"，想到

"美如画"。

其四,因果联想。

因果联想指的是几件事情由于在逻辑上存在因果关系,使我们提起其中的一件事情时,就会想起其他事情。

例如,从群众的幸福生活,想到精准扶贫。从干部的能力提升,想到各种培训措施。

## 第四节　罗列提纲

毛泽东非常重视提纲的写作。他的许多讲话就仅仅写一个提纲作参考。一个人的思考往往是凌乱的、不成体系的,很多想法是一闪而过的。如果不通过提纲的形式固定下来并反复推敲、琢磨,既很难"锁住"灵感,也不容易推演逻辑关系,更难以形成复杂的观点体系。

罗列提纲要求完整严谨、层次清楚、中心突出,按思考深度不同,提纲有以下三种:

其一,标题式。

用简洁的标题形式把材料各部分的内容要点概括出来,明确文章的核心意图、战略目标、搭建文章的"四梁八柱"、勾画文章的基本轮廓,使材料各部分之间的逻辑关系一目了然,起草材料时更容易把握思路的来龙去脉。这些标题往往直接成为材料中所要撰写的核心内容。这种提纲对材料内容的概括简单明了,便于记忆,在起草材料初稿时,还需要进一步具体化。

其二,提要式。

用较完整的句子把材料各部分的内容要点展开,对材料的内容作粗

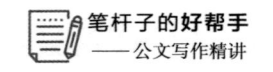

线条的阐述，明确某部分的具体问题、表述方式、篇幅长短，通过定位、定界、定性、定量，把问题明确化、要求具体化，类似于城市规划设计中的"控制性详细规划"。这些句子在起草初稿时往往直接写进材料，成为某一层次或段落的段旨。因此，提要式提纲实际上是材料内容的概括，具体明确，起草材料时就会比较省事。

其三，方案式。

这种形式大都在标题式或提要式提纲的基础上再细化，提出具有操作性的要求，比如素材怎么来，什么人写哪部分，什么时间内完成等，类似于工程建设中施工方案，操作性很强。这种提纲比较全，也比较细，常用在党代会报告、政府工作报告等大型综合文稿的写作中，由团队分工完成。

## 第五节　填充素材

文章的结构是人体的"骨骼"，事例则是人体的"肌肉"，血肉干瘪，骨骼再好，也只能是干瘦如柴、面容憔悴。素材要翔实，防止"空"。

填充素材的办法具体有以下三个步骤：

其一，堆砌好。

要想材料写得好，能出彩，不仅仅是把提纲中的每一级小标题需要的素材堆砌满，而是要堆砌到穷尽处，把手头存货统统榨干摞完，在网上尽可能搜尽摞完。

在这个阶段，随着素材的实际占有量、阅读量的增多，对工作情况和领导意图的深度把握增强，可能会对提纲的修改完善酝酿出更好、更精准的思维火花。需要强调的是，堆砌的过程，就是深度熟悉上情下情内情外情的过程，是将各方面情况摆在一起集中比对、酝酿、思考的过程。

其二，撮合好。

在堆砌的过程中，可能会发现有些素材存在交叉、重复，我们要及时套改，进行同类项合并。

要聚焦如何支撑小标题，进行比对、取舍、提炼、聚敛，在信息量上做加法，在文字上做减法，整合有新意的观点、有亮点的表述，尽量用最短的文字较完美地支撑住小标题，尽量用最短的文字传递更多、更足的有效信息。也就是对海量的素材进行取舍、加工，再将加工好的素材放在合适的位置，准确表达出材料的中心思路、目的意义，这算完成初稿。

其三，捋顺好。

材料就像一部机器，装配得好，材料自然流畅，浑然一体，读起来朗朗上口，口角留香；装配得不好，就像蹩脚技师装配的汽车，方向不稳，大灯不亮，刹车失灵，开着不顺手，坐着也心颤。

堆砌到一起的素材，在归堆合并中难免多多少少有些痕迹，要删掉这些痕迹，就要做好起承转合，让文稿读起来逻辑严密、前后照应、气脉相通。要捋顺事与事、点与点、段与段之间的呼应。在撮合环节留下的缝隙，均要在此环节一一弥补。最好的结果是顺得"天衣无缝"、浑然一体，让文稿读起来逻辑严密、前后照应、气脉贯通。

## 范文参考

### 原来一切的一切都在这里
#### ——读《燃旺信仰的火焰》有感

（新华社客户端 2023 年 1 月 13 日 文/代娆）

走过多少四季交替，路过多少万水千山，才能让一群人笑得像花一样灿烂。因为党组织的关爱，我们遇到了它，我们才发现，原来一切的一切都在《燃旺信仰的火焰》一书中。细细品读此书，犹如享受一次旅行、聆听一首音乐、品味一杯香茶。

火焰之"光"给人指引。书中《捍卫"两个确立"做到"两个维护"》一文，用革命先辈的红色案例论证了"两个确立"，是历史和时代的选择，具有厚重的历史依据、科学的理论依据和充分的实践依据。这本书通过讲述触及党员灵魂、引起思想共鸣的红色案例，从而更好地教育引导广大党员坚定理想信念、筑牢初心使命，坚决捍卫"两个确立"做到"两个维护"。

火焰之"热"催人奋进。看此书，让我们理性地认识到，当前，我们比历史上任何时期都更接近中华民族伟大复兴的目标，却也面对更为复杂的国际形势变化，迎来前所未有的机遇与挑战，只有继续传承和发扬斗争精神，才能牢牢掌握发展主动权，不断把中华民族伟大复兴的历史伟业推进向前。这本书立足中国、放眼世界，在国际重大时事中彰显中国政治的优越性，激励广大党员要保持清醒的头脑，秉持初心，团结奋斗。

火焰之"心"暖人心扉。这本书根据广大党员的实际需求编写，由新华出版社出版发行。它观点权威准确、语言通俗易懂、文风清新简洁、形式活泼多样。另外，书中不仅附有《中国共产党章程》，还附有《党员政治生日纪念》《"七一"致党员的一封信》等单页，党组织可自行将党员的个人信息填写上去，为每名党员私人定制一份独特的学习纪念品。这本书就像那冬天里的一把火，温暖了党员的心窝。

# 第六章
# 从文体上把握到位

万事万物都有规律可循。生活有生活的规律，学习有学习的规律，工作有工作的规律。文字材料也是一样，不同的文体有不同的写作规律。

例如，在公务员申论考试中就有前辈总结出了万能八条：1.领导重视、提高认识；2.加强宣传、营造气氛；3.教育培训、提高素质；4.健全法规、完善制度；5.组织协调、形成机制；6.增加投入、依靠科技；7.加强监管、全面落实；8.总结反思、借鉴经验。

在写材料过程中，也有同志总结出了"三段论"，例如，"是什么、为什么、怎么办""过去、现在、将来""成绩、问题、对策""问题、原因、对策""统一思想、突出重点、加强保障"等，这些都是文稿中常用的"三段论"。因为人的记忆能力是有限的，一点、两点太少，超过四点就不太容易记住，三点刚刚好，不多不少且容易记住。还有同志总结出不同的目的有不同的行文逻辑，例如，在动员工作说思想、在汇报工作说结果、在请示工作说方案、在总结工作说流程、在布置工作说标准、在回忆工作说感受。这些确实都比较实用。

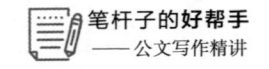

## 第一节　如何写好新闻报道

新闻报道是一种比较特殊的文体，需要通过传播媒体向受众传播才能实现自身的价值。无论是领导干部，还是"笔杆子"，虽然他们都不是专业的新闻工作者，但必须掌握新闻写作的特点和规律，这样才能在新闻报道中做好正面宣传、舆论引导、教育感化、弘扬正气。

### 一、新闻的定义

美国《纽约太阳报》编辑主任约翰·博加特说："狗咬人不是新闻，人咬狗才是新闻。"

加拿大传播学者麦克卢汉说："东西一进入报业就是新闻，其他未进入的就不是新闻。"

我国著名新闻工作者范长江说："新闻就是广大群众欲知、应知而未知的重要的事实。"

在我国新闻学术界，最权威的新闻定义，是1943年陆定一提出的，"新闻的定义，就是新近发生事实的报道。"

### 二、新闻的特征

新闻的主要特征有以下四种：

**（一）真实性**

真实性是新闻写作的基本原则，它是新闻的生命线，虚假的新闻没有任何宣传价值。如果新闻不是报道真实的事实，那就会失去人们的信任。新闻中所列举的真实事实还必须是典型的，具有普遍意义的，能反映本质和主流的真实事实。

**（二）时效性**

新闻是一种极重时效的文体。新闻要以最快的速度、最简洁的篇幅报道已经发生、正在发生的事情。时间越近，价值越大。

如果写人家已写过或人家早已知道的过时的事实、过时的内容，那就失去了新闻的价值。要凸显新闻的"新"，就得要及时地捕捉，及时地采写，及时地报道。

**（三）新奇性**

新奇的意思是新颖奇妙、新鲜奇妙，有异曲同工之妙，就是求"异"，找不一样的地方。比如之前所说的，狗咬人不是新闻，人咬狗才是新闻。

**（四）思想性**

新闻通常是以积极健康的新闻事实，传播高尚的、健康的、大众的知识与情趣，以影响、指导读者的思想和行为。

## 三、新闻的种类

随着新闻事业的快速发展，新闻报道种类也在不断增多，常见的新闻题材有以下五种：

**（一）消息**

消息一般报道事实比较单一。它是对新近发生的有社会意义并引起公众兴趣的事实用概括叙述的方式、简明扼要的方式、迅速及时的报道。

**（二）通讯**

通讯是一种比消息更详细、更生动的新闻报道。它是对现实生活中有影响的人物、事件、工作经验和地方风情等，以描写和叙述为主，兼

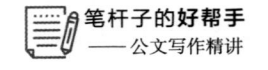

用抒情、修辞、议论等表达方式，进行及时报道。

**（三）特写**

特写是新闻体裁中富有表现力的重要体裁。它对新闻事件、新闻人物某些重要场面，或者具有特殊意义的一两个片段进行细致的描写，在读者面前"再现"和"放大"富有特征的真人真事。

**（四）专访**

专访是比一般报道要详细而生动的新闻体裁。它是记者带着目的，对特定的人物进行专题性现场访问之后所写的报道。

**（五）评论**

评论是针对某一新闻事件发议论、说道理，有着鲜明的针对性和指导性的一种政论文体。它是新闻媒介中社论、述评、编辑部文章、评论员文章、思想评论、理论文章等各种形式评论的总称。

**四、新闻的写法**

新闻的内容，通常有时间、地点、人物、事件和原因五个要素。新闻写作喜欢把最重要、最想让读者了解到的东西放在最前面。

一篇新闻一般由以下五部分构成：

**（一）标题的写作**

标题是新闻的眼睛，可以集中反映新闻的精华，吸引读者阅读。

消息的标题有三种：

1. 主题

或叫母题、正题。高度概括新闻中最主要的内容和思想。它是新闻中的最主要部分。

## 2. 引题

又称肩题、眉题。它与主题搭配，一般用来交代背景、揭示意义、烘托气氛、说明原因等。

## 3. 副题

又称子题、辅题。它与正题搭配，常用以补充交代事实，或说明报道事实的结果，或作内容提要，有时也用来补充、注释、深化、完善正题。

### （二）导语的写作

导语是指新闻开头的第一句话或第一自然段。它以简明的文字，突出最主要、最新鲜的事实，揭示新闻要旨，吸引读者阅读全部消息。

常见的导语有以下八种：

#### 1. 直叙式导语

这种导语是直截了当地用客观事实说话。通过摘要或概括的方法，将新闻中最重要、最新鲜、最有吸引力的事实简明扼要地反映出来，从而给读者一个较深的印象，以促其阅读全文。

#### 2. 概括式导语

这种导语是对整篇报道的内容进行概括和浓缩，从而给读者一个总的印象。

#### 3. 结论式导语

这种导语是将新闻事实的结论与结果一开头就写出来，将事实的意义反映出来。

#### 4. 对比式导语

这种导语是将新闻事实的现在与过去相对比，或者与别的事实进行纵向或横向的对比，使之相映成趣，揭示新闻价值。

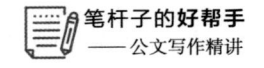

5. 引语式导语

这种导语是引用与新闻有关的诗句、俗语、警句、名言等，以增强导语的生动性。

6. 描写式导语

这种导语是对某个富有特色的事实或某个有意义的侧面，作简练的描写，给读者以生动具体的印象。

7. 设问式导语

这种导语是用提出疑问或设问，引起读者的注意和思考。

8. 评论式导语

这种导语是对新闻的事实进行画龙点睛式的评论，以增强新闻的指导性和思想性，唤起读者的重视。

**（三）主体的写作**

导语之后，就是主体。主体是新闻的主干部分。它对新闻的内容作具体全面地阐述，以体现全文的主题。主体的写作原则：紧扣导语、中心明确、详略得当。

主体的结构形式有以下三种：

1. 按时间顺序

按照事情发生、发展的先后顺序安排层次。

2. 按逻辑顺序

按照事物之间的内在联系或逻辑关系来安排层次。

3. 按混合顺序

将时间顺序与逻辑顺序按照结构严谨、层次分明的要求糅合在一起写。

### （四）背景的写作

背景是指新闻事实发生发展的历史环境、客观条件以及它与周围事物的联系。它的目的在于帮助读者更好、更准确地理解新闻的内容和价值，起到衬托、深化主题的作用。背景材料不宜过多，也没有固定的位置。它可以一次性交代，也可以分散穿插在导语、主体、结尾几个部位。

常用的背景材料有以下三种：

1. 对比性材料

这种背景材料是对人物或事物的前后、左右、正反进行对比，在比较中阐明一定的主题思想，或突出新闻事件的重要意义。

2. 说明性材料

这种背景材料是对所报道的事实中有关历史状况、地理环境、政治背景、发展变化以及其他种种客观条件、主观因素等做出介绍与描述。

3. 注释性材料

这种背景材料是对新闻报道中涉及的人物、产品、名词等进行解释，帮助读者理解新闻中的内容，增长知识。

### （五）结尾的写作

结尾是新闻的收尾部分，又称结语。它有时是文章的最后一段话，有时是文章的最后一句话。结尾可以深化主题，给人以启迪，引导读者思考。

常见的结尾有以下六种：

1. 自然式

这种结尾方式被大多数新闻所采用，它将新闻的诸要素顺其自然地交代完毕，便戛然而止，不再另外增加结尾的语句。

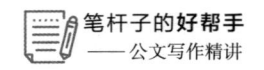

2. 归纳式

这种结尾方式是简要概括新闻的事实或意义，如同"一锤定音"，指出报道的最终成果。

3. 启发式

这种结尾方式是在讲完主要事实后，将所得到的启示、明白的道理写出来。

4. 激励式

这种结尾方式是用激情的语言，对读者起到鼓舞斗志，激发热情的作用。

5. 展望式

这种结尾方式在报道完主要事实后，通过展望性、预示性的语言，引起读者对美好未来的憧憬与向往。

6. 补充式

这种结尾方式是对新闻的主体没有交代或说明不清的地方，作一些补充。

## 五、新闻的发现

有些新闻事实是显性的，自然呈现在人们面前；但也有些事实是需要我们发现的。

常见的新闻发现方式有以下五种：

### （一）从上级中找新闻

平时要留心学习上级文件、讲话等，领会上级精神，从而找到当前工作的热点和重点。

## （二）从工作中找新闻

通过积极工作，可以尽快找到本地方和部门工作的创新点或突破点。

## （三）从基层中找新闻

多到基层，深入现场，将基层发现的有重要新闻价值的事情进行深度报道。

## （四）从先进中找新闻

关注本系统先进人物、先进事迹，弘扬正气，传播正能量。

## （五）从体会中找新闻

将平时一些有感而发、角度新、接地气的体会写成评论。

**范文参考**

### 广东茂名：打造现代化滨海城市

阳春三月，春暖花开，广东省茂名市一派欣欣向荣。3月22日，茂名港博贺新港区开港运营。一个现代化的深水大港映入眼帘：上下奔腾的龙门吊、排列整齐的集装箱、雄姿屹立的口岸大楼以及进进出出的10万吨巨轮……来自五大洲的货物将由此进入国门，而茂名及周边地区的产品也将由此跨洋过海，走向世界。

博贺新港区位于茂名东南部的博贺湾，地处南海之滨。这里是100多年前孙中山先生《建国方略》中规划的"可容巨船"的地方，建设现代化深水大港的条件得天独厚。一代伟人宏愿正在变为现实，一个南方大港崛起于南海之滨，将有力地拉动茂名临海经济的发展。

**开放包容　对接世界舞台**

坚持"走出去"和"引进来"相结合，茂名不断提升对外开放水平。去年，共吸引国内外客商到茂名投资考察100多批次，新引进超千万元项目450个，深圳华侨城集团、新加坡鹏瑞利集团等行业领军企业落户茂名；丙烷脱氢产业链项目、益海嘉里粮油食品加工项目等优质产业项目布局滨海新区。

2018年，茂名市全年实现地区生产总值3092.18亿元，增长5.5%。来源于茂名的财政总收入560.57亿元，增长7.4%。规上工业经济效益综合指数550%，居全省首位。综合实力迈上新台阶，再度上榜"中国百强城市"。

作为海上丝绸之路文化地标遗址，茂名积极响应、主动参与"一带一路"倡议，以沿海经济带建设为抓手，积极对接融入粤港澳大湾区，拓展茂名能有所作为的政策空间；与北部湾经济区、海南自贸区相向而行，联手打造中国滨海旅游目的地和现代农业发展集聚区。如今，茂名已逐渐对接世界舞台。未来，茂名将吸引越来越多的海内外人才前来立业。

## 共建共享　描绘绿色蓝图

小道蜿蜒，满坡翠绿，阳光投射林间，留下一地斑驳的碎影，市民或骑游跑步或闲庭信步……在茂名的小东江、好心湖和江滨公园等地随处可见这样的美景。

茂名在提高对外开放水平、加快经济发展的同时，始终坚持生态立市的发展理念，城乡面貌迎来蝶变。2012年以来，全市累计完成造林更新作业面积8.7万公顷，建成乡村绿化美化示范点1134个、森林家园280个。全市建成各类自然保护区35个、各级森林公园79个、各级湿地公园11个。目前，茂名的人均公园绿地面积为17.27平方米。

去年，茂名全面推进污染源普查工作，制订大气、水、土壤、固体废物等领域污染防治攻坚方案。整治"散乱污"企业110家，清理整治养殖场 5808 家。严厉打击非法处置固废危废行为，责令整改 53 宗、立案 49 宗。城市集中式饮用水水源水质达标率保持 100%。地表水断面水质优良率达 85.7%。入海河流水质稳中向好。空气质量综合指数连续多年稳居全省前三，全省森林资源保护和发展目标责任制考核全省第二。

如今的茂名，这个中国南方最大的石油化工城市，随处都是青山绿水，已是一个宜居的绿色城市。

### 真情实意　诚迎八方来客

随着深茂铁路江茂段的开通运营，一批批外地游客纷至沓来。去年，茂名旅游接待突破 4000 万人次，旅游总收入 426 亿元。

近年来，茂名立足优质的旅游资源，高起点谋划，高标准要求，高质量推进，推动山海旅游融合发展，打响"山海之旅、心灵之约"旅游名片。目前，全市拥有 4A 级景区 7 家。

去年，"南海旅游岛·中国第一滩"景区核心区提升改造基本完成，被评为国家 4A 级旅游景区，并成功举办了风筝邀请赛；水东湾海洋公园一期已完工，对社会开放；歌美海公园一期工程及水上游客服务中心已建成，并举办了首届龙舟邀请赛；虎头山、晏镜岭生态公园分别加快修复和规划建设。

今年，茂名将全面开工滨海旅游公路，以此为纽带，依托滨海走廊"一岛、三湾、四岭、一线滩"的地理格局，把茂名滨海景观资源串珠成链，形成内湾运河景观带和外海度假景观带。未来五年，茂名还将获约 500 亿元投资，全力打造国家级滨海旅游度假区。

"以后我就可以大大方方地说，我的家乡，就是那个中国水果第一市、罗非鱼之都、沉香之乡，中国南玉之都，能吃免费大餐的好心之城茂名！"茂名籍著名主持人梁永斌，在茂名荣获中央电视台《魅力中国城》第一季魅力冠军城市时自豪地说。

蓝天、碧海、悠闲动人的浪漫海岸、可以滑翔的沙质洁白细软的中国第一滩、海水能见度居亚洲第一的放鸡岛、中国少有的城市内湾水东湾、云雾缭绕的大雾岭、绵延的马贵摩天大草原、岭南圣母冼夫人的故里等等，好故事、好文化、好风光正走出茂名，走向全国，走向世界。

《广东茂名：打造现代化滨海城市》是我于2019年3月25日在《光明日报》第10版刊发的稿件。当年的3月22日，茂名港博贺新港区正好开港运营，这个事件比较有新闻价值，我便经过自己的归纳总结，将以上的稿件发给了光明日报社的记者王忠耀。

## 一名驻村"第一书记"的三封家书

"刚和你视频通话，你又问我什么时候回来，我知道你是想我了，我也想你啊，我想亲你柔软的脸蛋，牵你可爱的小手，听你咿呀的声音，可是我要驻村啊！这是组织交给我的光荣而神圣的任务……"

12月24日晚上，云梦县义堂镇蔡河村驻村"第一书记"潘启明写给女儿的一封家书，在当地干部群众朋友圈里广泛传播。

12月26日，笔者来到云梦县义堂镇蔡河村，走近扶贫干部潘启明，倾听家书背后感人的故事，感受一名党员干部对事业的忠诚。

### 第一封：什么是热爱

"你在城里长大，不愁吃不愁穿，不知道农村还有很多贫困户，爸爸要做的就是帮他们脱贫致富奔小康。我是一块砖，哪里需要哪里搬……"

——2018年4月1日晚

"我从农村走出来，喝府河的水长大，这次驻的蔡河村就在府河边，我熟悉那里的乡土人情，而且我会洗衣做饭，'五天四夜'完全没问题。"2018年3月下旬，云梦县人民法院干警潘启明主动找分管扶贫的副院长蔡火林请缨，希望去驻村扶贫。

1个多月前，潘启明出差到上海，这一去就是5天，为了早日完成工作，他晚上准备案卷材料，白天办案，马不停蹄。出差到第3天时，四岁的女儿因急性肺炎住院，一个劲儿地哭着喊着要爸爸、要爸爸，虽然很担心不安，但工作在身的潘启明只能通过电话安抚女儿："乖女儿好好治疗，爸爸回来后就不离开你了。"

提起女儿，潘启明眼中流露出不舍和愧疚，他说："孩子毕竟还太小，正是需要陪伴的时候。"但是他知道，脱贫攻坚工作更需要年轻人，他要给女儿做一个榜样，驻义堂镇蔡河村的第一天晚上，他就给女儿写信说："我是一块砖，哪里需要哪里搬。"

**第二封：什么是责任**

"爸爸刚忙成了一件大事，迫不及待想和你分享。我们引进的50亩蔬菜大棚已经建成了，远远望去，一个个大棚就像白色的巨人……这50亩蔬菜大棚能够为村里创收1万多元……你不知道村里马上修路，但资金还有缺口，爸爸要想办法筹集资金，赶在过年前完工，让大家走上新路……"

——2019年11月6日

蔡河村贫困户蔡勤春逢人便夸："多亏了潘书记，让我家彻底告别了贫困。"今年年初，蔡勤春中风后，从武汉某建筑工地的门房保安岗位上离职，身体逐渐好转，却一时找不到合适的工作，生活陷入窘迫。潘启明了解到他的实际困难后，经过反复申报，为他安排了村级公益性岗位工作。见蔡勤春家门前场地宽阔,在潘启明的帮助下,他又养殖了200只土鸡,当年就增收1万多元。

解决了贫困户的问题,潘启明又想着村集体收入的问题,蔡河村长期以来缺少村集体收入,遇到修路、打井等公益事项,除了坐等上级拨款,村集体根本拿不出钱来。

今年6月上旬,为了充分利用蔡河村土壤适合种植蔬菜的有利条件,潘启明联系本村在北京从事大棚蔬菜种植的蔡勤宇,将其引回村投资建设蔬菜大棚。11月6日,他迫不及待地写信告诉女儿:"这50亩蔬菜大棚能够为村里创收1万多元,而且明年会再建50亩。"

近两年来,在潘启明的带领下,修村湾路3条,修桥1座,主要路面都安装了路灯,家家户户通上了自来水,修整塘堰9口,新修机井1口。不少村民们深有感触地说:"如今在村子里,'两不愁三保障'的问题已经不是问题了,相信未来日子一定会越来越好。"

**第三封:什么是执着**

"有爷爷、奶奶在,我不用担心你的吃饭、穿衣,妈妈经常加班,我有点担心你的学习,作业做完了么,英语有没有复习,别的小朋友在班级群里发读课文的语音,可是爷爷、奶奶不会用微信,你的没有发,你都会读么?"

——2019年12月24日晚

2004年7月,从中南财经政法大学毕业的潘启明正值青春年华,他没有和其他同学一样选择去北上广闯荡,而选择回到了家乡当一名法院干警。

在蔡河村工作近两年,一个星期有五天四夜吃住在村,工作在村,村民们早都把他当成自家人,一看到潘启明就会主动迎上去打招呼,拉家常，为他端茶送水。面对村民们的信赖和热情，潘启明反倒不好意思地说道："非常感激蔡河村人这两年的关照，蔡河村还不够富裕，我做得还不够。"

除了工作，每当夜深人静的时候，让他牵挂于心的便是年迈的父母、辛劳的妻子和可爱的女儿。

2018年6月，他父亲腰椎滑脱，需要手术矫正。手术当天，他只请了半天假，手术结束后，他将父亲托付给哥哥姐姐，下午立马赶回村里忙工作。

今年12月24日，女儿打电话向他诉苦："别的小朋友每天都有爸爸辅导功课，买好吃的，而我没有。"跟女儿通完电话后，潘启明心里满是愧疚，当晚他又给女儿写下了一封信。在信中，他这样写道："我知道相比别人的爸爸，我陪你少了些，等爸爸完成扶贫工作，回来都给你补上。"

为了填补对女儿陪伴的缺少，驻村以来的每个周末，只要能回家，他都尽可能地多陪陪女儿，多帮妻子分担家务，照顾老人。

义堂镇党委副书记张双平说："在关爱家庭与忠诚事业的天平上，他用更多的努力和付出平衡着双肩的责任，他用更多的坚韧和执着诠释着党性的坚强。"

《一名驻村"第一书记"的三封家书》是我于2019年12月31日在《孝感日报》头版刊发的稿件。这个稿件的意义就是想告诉大家新闻报道不一定要写惊天动地的大事，有时候一个看似平常的小事，也能写出新闻来。潘启明只是一名驻村"第一书记"，虽然他没有在精准扶贫工作中做出惊天动地的事情，但他的一封封家书饱含着浓浓的情和爱，这些家书从小家情怀到家国大事，其情切切、其意拳拳，成为传递打赢脱贫攻

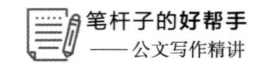

坚硬仗的一种精神正能量。只要懂得变换角度，一样可以挖掘出好的新闻。于是我便将以上的稿件发给了孝感日报社的记者闵丽萍。

## 第二节　如何写好领导讲话

领导讲话就其文字形式来讲，是机关常用的文体之一，属于文件范畴。起草领导讲话是"笔杆子"的必修课。

### 一、领导讲话的定义

领导讲话，是领导向听众表达意图、传达政策、交流思想的载体，是领导开展工作的重要方法。成功的领导讲话能解决问题、推动工作、展示领导魅力。

### 二、领导讲话的特征

由于领导讲话的类型多种多样，特点也是不尽相同，这里主要讲其共性特点：

**（一）政治性**

中国共产党以马克思列宁主义、毛泽东思想、邓小平理论、"三个代表"重要思想、科学发展观、习近平新时代中国特色社会主义思想作为自己的行动指南。

1981年，时任中央纪委常务书记黄克诚在《关于党风问题》一文中写道：抗战时期，毛主席用电台指挥工作，"嘀嗒、嘀嗒"就是毛主席和党中央的声音，全党全军同志都无条件地执行。一个细节，生动折射出我们党讲政治、讲规矩的优良传统。

习近平总书记指出："旗帜鲜明讲政治是我们党作为马克思主义政党的根本要求。"

政治是统帅，是灵魂。"不讲政治，就等于没有灵魂"。

党的领导干部一言一行、一举一动都代表着党和国家的形象，领导讲话必须牢牢地以政治性为主线，主题突出，观点鲜明。在大是大非问题上一定要旗帜鲜明，坚决维护中央的权威，决不能"有令不行，有禁不止"，也决不能"吃共产党的饭、砸共产党的锅"。

另外应言之有据。不能为了哗众取宠，把小道消息、低俗言论带上讲台。而是要与党中央对准表、赶上趟、聚好焦，做到党中央提倡的坚决响应，党中央决定的坚决照办，党中央禁止的坚决杜绝，始终与党中央保持高度一致。另外，要注意区分场合、辨别对象，不该向外部披露的事情坚决不能说。

**（二）思想性**

古人的书法和绘画讲究"意在笔先"，写文章则追求"文以载道"，就是说文学艺术作品的思想性是很重要的。领导讲话也一样，如果没有思想，辞藻再华丽，语言再丰富，也会显得苍白无力，让人觉得索然无味。思想就是领导讲话的灵魂，反映了个人的境界。没有思想的领导讲话会显得知识匮乏，学识浅薄，水平欠缺，讲还不如不讲。

领导讲话，无论对上、对下、对内、对外，都是为了阐明某个观点，说服他人相信，争取各方支持，推动工作落实。如果一篇领导讲话材料，有的只是华丽的辞藻，有的只是庞杂的材料，却并没有说明什么问题，解决什么问题，人们看过后，根本不知道是在赞成什么，反对什么，需要什么，这样的文字材料就是没有灵魂的文章。

1944年中央警备团战士张思德因炭窑崩塌而牺牲，毛泽东亲自参加追悼会并致悼词《为人民服务》，他说："人总是要死的，但死的意义有不同。中国古时候有个文学家叫做司马迁的说过：'人固有一死，或重于泰山，或轻于鸿毛。'为人民利益而死，就比泰山还重。""死人的事是经常发生的，但是我们想到人民的利益，想到大多数人民的痛苦，我们为人民而死，就是死得其所。"这就提升了对人的价值的认识。

毛泽东的报告、讲话，总能上升到理性的高度，得出经得起实践和时间检验的结论，许多警句广为流传。奠定了抗日战争战略思想的《论持久战》就是毛泽东1938年在延安抗日战争研究会上的讲演。出访在外，接见留学生的讲话也有这样的名言："世界是你们的，也是我们的，但是归根结底是你们的。你们青年人朝气蓬勃，正在兴旺时期，好像早晨八九点钟的太阳。希望寄托在你们身上。""世界上怕就怕'认真'二字，共产党就最讲认真。"他胸有成竹，词从口出，既无政客式的作秀也没有刻意去附庸风雅。这是真正的政治家、学问家的讲演。

什么是领导？顾名思义，领导就是"领而导之"，这就要求领导必须要有一定的前瞻性，要能见一般人所未见，想一般人所未想。领导的讲话有思想才能表达出令人信服、鼓舞人心的意愿和倾向，从而团结力量，凝聚人心，激发行动。

**（三）指导性**

领导讲话往往是就重大工作的指导和重大问题的认识而发，因此，既有传达决策的指令功能，又有深化认识的理论功能。总之，要对推进工作，对深化和统一认识有指导作用。

一是问题提出的起点要实。要尽可能从大家关注的、熟悉的、工作中迫切需要解决的实际问题中引出讲话的主题。

二是立论要准。就是所确定的基本观点、基本结论要准确无误。

三是把握分寸要准。特别是涉及对一些问题的判断，讲到什么程度比较妥当，要反复掂量，做到恰如其分。再者，遣词造句要准。要一字一句，反复推敲，力求准确无误，天衣无缝。

总之，一篇带有指导性的领导讲话，关键在于对问题抓得准不准，道理讲得深不深，办法说得行不行，是否提供了做好工作、解决问题的"金钥匙"。

### （四）可听性

有些领导在台上讲话时，台下的听众或心不在焉，或窃窃私语，或左顾右盼，或昏昏欲睡，这样的讲话根本达不到预期的目的，这样的讲话稿就不是成功的讲话稿。造成这种情况的原因可能是内容空洞，也可能是语言枯燥、表达生硬，引不起听众的兴趣。

江苏徐州睢宁县曾开展评选当地官员最差的会议讲话稿活动，被评为最差讲话稿的《以对人民群众高度负责的态度切实抓好应急避难场所建设》，讲话标题很大，讲完各种意义之后，关于下一年工作打算的部分只有区区280字。

领导讲话涉及的一项政策、一种观点、一套部署，要让参会者容易领会贯彻，爱听愿记，首先必须注意逻辑性，做到条理清楚、层次清晰，既要纲举目张、突出重点，又要防止生搬硬套、前后重复、颠三倒四。另外语言通俗、表达生动，也是领导讲话稿的基本特点之一，在写作中必须注意这一点。为此，八股腔调不能有，枯燥的说教不能有，要使用生动活泼的语言，要有启发性和吸引力。

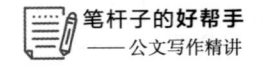

## 三、领导讲话的需求

材料好与坏的评判标准不是自己觉得，而是由领导觉得，所以写的材料，领导满不满意，上级满不满意，符不符合工作要求最重要。我们在写材料时，必须要站在领导的高度和角度思考问题、审视问题，增强自身透视问题的宽度、远度和深度。

### （一）把握领导的风格

材料界有句行话："欲研究材料，先研究领导。"意思是说，材料要想让领导满意，必须先研究领导的风格，符合领导的个性和口味。

很多"笔杆子"都有这样的经历：自认为写出的材料妙笔生花、文采飞扬，却被领导批"不符合我的风格"而给打了回来。这就是典型的"干活不问东，累死也无功"。

在文章结构上，有的领导喜欢用并列式，有的领导则喜欢用递进式。

在拟制小标题上，有的领导喜欢围绕"措施"提炼，有的领导则喜欢围绕"措施+目的"提炼。

在概括内容上，有的领导喜欢运用关键词，有的领导则喜欢运用比喻句……

因此，平时要多关注领导，明确其讲话的特点，在写材料中做到与领导"同频共振"。

### （二）掌握领导的意图

"定位不准，累死三军。""领会上头，摸清下头，两头一碰，才有写头。"能否准确领会好领导意图，是决定讲话稿写作成功与否的一个重要方面。

一方面要多记录。领导意图的确定，往往要经过一个从萌发、完善到成熟的过程。在这个过程中，领导的思想会在多种场合、各种时机通过言行举止等反映出来。因此，我们写材料的人要做有心人、细心人，平时在与领导一起研究工作、谈论事务、交换意见时，对领导因某事触发的感想、阐发的思想，都要用心记下来。

另一方面要多思考。自己要设身处地地站在领导的角度去思考当前工作进展得怎么样，取得哪些成效，存在哪些问题，遇到哪些困难，今后需要采取哪些措施。经过不断地琢磨，形成符合领导需要的基本认识，或者能提出建设性的意见建议。

**（三）适合领导的场合**

俗话说："上什么山，唱什么歌。"毛泽东也说："射箭要看靶子，弹琴要看群众，写文章做演说倒可以不看读者不看听众么？"

一个地区有一个地区的特点，一个会议也有一个会议的内容和对象，领导在不同的场合，讲话的主题是不同的。应避免"一刀切""一锅煮""上下一般粗"等做法，要依据领导所处场合的讲话对象、讲话时机、目标需求等差异，把准脉搏，"对症下药"。

井冈山革命斗争时期，毛泽东就多次强调和要求红军宣传员找群众谈话时，首先要放下官架子，要看不同对象说不同的话。碰到雇农要讲雇农话、碰到中农要讲中农话、碰到商人要讲商人话、碰到工人要讲工人话，不能讲一大篇。[①]

如今也一样，要想讲话能够令受众接受，并且达到预期的效果，就必须区别不同特点，设计安排讲话稿的内容。面对下级，讲话可以提要求，使用教导式的语气；面对上级或平级时，讲话就要谦虚，不能进行

---

① 吴继金：《毛泽东讲党课》，《黄金时代》2019 年 009 期，第 38-41 页。

说教；面对农民群众，讲话可以适当用些方言土语；面对上访户，讲话不仅要动之以情、晓之以理，还需要明之以法。面对文艺工作者，讲话可以加点激情和文采；面对教授学者，讲话可以具备理论性、思想性。总之，领导在什么场合，面对什么样的对象就讲什么样的话。

**四、领导讲话的结构**

我们在写材料过程中，会遇到很多类型的领导讲话材料，但经常使用的有五种，它们也有其经常使用的"套路"。

**（一）综合类讲话材料**

这类材料在各级党代会、人代会等综合性工作部署会用得比较多。主体部分常用的结构是：

第一部分，一般是总结工作，包括做法、成效、体会、存在的不足等。

第二部分，分析面临的形势、提出指导思想、目标等。

第三部分，今后的工作任务。

第四部分，加强党的建设或关于加强组织领导、狠抓落实的要求。

例如，武汉市第十四次党代会的报告《牢记嘱托 担当使命 奋力打造新时代英雄城市 全面开启武汉社会主义现代化建设新征程》，共分四个部分：

一、五年砥砺奋进，各项事业取得重大成就。

二、勇担新使命，奋力打造新时代英雄城市。

三、奋进新征程，全面推进武汉现代化建设。

四、坚持全面从严治党，为武汉现代化建设提供坚强政治保障。

### （二）专项类讲话材料

这类材料在单项的工作动员部署会用得比较多。主体部分常用的结构是：

第一部分，总结工作或开展这项工作的意义。

第二部分，提出工作任务。

第三部分，加强组织领导、抓好工作落实的要求。

例如，习近平总书记在党史学习教育动员大会上的讲话，共三个部分内容：

一、开展党史学习教育意义重大。

二、开展党史学习教育要突出重点。

三、在全党开展党史学习教育要务求实效。

### （三）工作汇报类讲话材料

这类材料在向上级汇报工作中用得比较多。主体部分常用的结构是：

第一部分，进展情况。

第二部分，亮点和做法。

第三部分，存在的问题。

第四部分，对策和建议。

例如，云梦县党员教育培训规划实施情况中期评估总结报告，共四部分内容，标题也和以上常用的格式一样。

### （四）传达精神类讲话材料

这类材料在落实上级文件或讲话精神的会议中用得比较多。主体部分常用的结构是：

第一部分，学习领会。

第二部分，组织贯彻。

第三部分，宣传落实。

例如，在传达学习贯彻党的二十大精神大会上的讲话，共三个部分内容：

一、把思想和行动统一到党的二十大精神上来。

二、以习近平新时代中国特色社会主义思想引领改革发展实践。

三、坚持学深做实、走在前列，迅速掀起学习宣传贯彻二十大精神热潮。

**（五）礼仪类讲话材料**

这类材料在各种节庆仪式、对外交流等场合上用得比较多，出于欢迎、感谢、慰问、庆贺等目的。

1. 迎接场合的讲话常用的结构

第一部分，表示欢迎。

第二部分，简要介绍本地情况。

第三部分，简要介绍会议的目的和议程。

第四部分，提出期望的祝福语。

2. 表彰场合的讲话常用的结构

第一部分，向获奖单位或个人表示祝贺。

第二部分，肯定获奖单位或个人所做的工作成绩。

第三部分，提出学习、推广的要求。

3. 纪念场合的讲话常用的结构

第一部分，过去的经历启示。

第二部分，现在的形势。

第三部分，未来的打算。

还有奠基仪式、签约仪式、文艺演出，等等，在撰写这类讲话稿时多围绕"是什么、为什么、怎么做"三个角度去思考。整体要求篇幅要简短，礼节要周到，表达要灵活，感情要浓厚。

### 五、领导讲话的魅力

毛遂自荐使楚、苏秦游说诸侯、诸葛亮舌战群儒……从古至今，讲话水平影响事业兴衰，改变人生前程，甚至改变历史的故事不胜枚举。领导的讲话魅力关键来源于以下几点：

#### （一）用故事引发兴趣

爱听故事是每个人的天性，而且每个人都有猎奇的心理，一个好故事能让领导的表达产生与听众共鸣。讲故事是与听众建立情感联系的有效途径，所以在领导讲话中，讲故事胜于讲理论。

#### （二）用妙语展现文采

精彩的领导讲话一定是妙语连珠的，比喻、排比各种修辞信手拈来，让人感到扑面而来的文化底蕴，自然心生敬佩，认认真真地听领导讲话，这就是语言的魅力。

#### （三）用优劣分析实质

对立统一是物质的根本规律。任何事物都存在两个方面，优和劣并存。将优劣两个方面放在一起对比分析更能认清事物的本质。而且正反两个方面的反差也能很好地吸引听众的注意力。

#### （四）用假设引导思考

假设其实就是换位思考，即通过假设后的反思，去看透问题所在。用假设可以起到很好的互动效果，引导听众集中注意力去思考，并快速找到问题的答案。

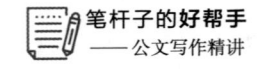

## 六、领导讲话的常用典故

引用诗句、谚语、典故，可以展现独特的语言风格和人格魅力。我们在写领导讲话材料时也可以相应地借鉴下。

己欲立而立人，己欲达而达人。——《论语·雍也》

益者三友，损者三友：友直、友谅、友多闻，益矣；友便辟，友善柔，友便佞，损矣。——《论语·季氏》

不患人之不己知，患不知人也。——《论语·学而》

人而无信，不知其可也。——《论语·为政》

德不孤，必有邻。——《论语·里仁》

士不可以不弘毅，任重而道远。——《论语·泰伯》

君子义以为质。——《论语·卫灵公》

人之相知，贵相知心。——《李陵答苏武书》

莫道桑榆晚，为霞尚满天。——〔唐〕刘禹锡《酬乐天咏老见示》

不能胜寸心，安能胜苍穹。——〔清〕龚自珍《自春徂秋，偶有所触，拉杂书之，漫不诠次，得十五首》（其一）

凡观物有疑，中心不定，则外物不清；吾虑不清，则未可定然否也。——〔战国〕荀子《荀子·解蔽》

反听之谓聪，内视之谓明，自胜之谓强。——〔西汉〕司马迁《史记·商君列传第八》

行生于己，名生于人。——〔先秦〕《逸周书·谥法解》

才者，德之资也；德者，才之帅也。——〔北宋〕司马光《资治通鉴·周纪一》

忠信谨慎，此德义之基也；虚无谲诡，此乱道之根也。——〔东汉〕

王符《潜夫论·务本》

然视而使之明，听而使之聪，思而使之正，皆人也。——〔北宋〕王安石《老子注》

与人不求备，检身若不及。——〔上古时代〕《尚书·商书·伊训》

祸莫大于不知足，咎莫大于欲得。——〔春秋〕老子《老子·第四十六章》

从善如登，从恶如崩。——〔春秋〕左丘明《国语.周语下》

见善如不及，见不善如探汤。——《论语·季氏》

曾子曰："吾日三省吾身：为人谋而不忠乎？与朋友交而不信乎？传不习乎。"——《论语·学而》

见贤思齐焉，见不贤而内自省也。——《论语·里仁》

臣闻观于明镜，则疵瑕不滞于躯；听于直言，则过行不累乎身。——〔东汉〕王粲《仿连珠》

是故非澹薄无以明德，非宁静无以致远。——〔西汉〕刘安及门客《淮南子·主术训》

莫见乎隐，莫显乎微，故君子慎其独也。——〔春秋至秦汉〕《礼记·中庸》

天下之事，未尝不败于专而成于共。——〔北宋〕司马光《张共字大成序》

以势交者，势倾则绝；以利交者，利穷则散。——《中说·礼乐篇》

人视水见形，视民知治不。——〔西汉〕司马迁《史记·殷本纪第三》

但愿苍生俱饱暖，不辞辛苦出山林。——〔明〕于谦《咏煤炭》

衙斋卧听萧萧竹，疑是民间疾苦声。些小吾曹州县吏，一枝一叶总关情。——〔清〕郑燮《潍县署中画竹呈年伯包大中丞括》

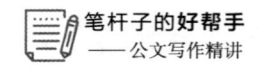

政之所兴在顺民心，政之所废在逆民心。——《管子·牧民·四顺》

治政之要在于安民，安民之道在于察其疾苦。——〔明〕张居正《请蠲积逋以安民生疏》

乐民之乐者，民亦乐其乐；忧民之忧者，民亦忧其忧。——〔战国〕孟子《孟子·梁惠王下》

去民之患，如除腹心之疾。——〔北宋〕苏辙《上皇帝书》

安得广厦千万间，大庇天下寒士俱欢颜。——〔唐〕杜甫《茅屋为秋风所破歌》

利民之事，丝发必兴；厉民之事，毫末必去。——〔清〕万斯大《周官辨非·天官》

天视自我民视，天听自我民听。——〔上古时代〕《尚书·泰誓中》

故善为国者，遇民如父母之爱子，兄之爱弟，闻其饥寒为之哀，见其劳苦为之悲。——〔西汉〕刘向《说苑·政理》

凡治国之道，必先富民。——《管子·治国》

故足寒伤心，民寒伤国。——〔东汉〕荀悦《申鉴·政体》

民齐者强。——〔战国〕荀子《荀子·议兵》

知屋漏者在宇下，知政失者在草野。——〔东汉〕王充《论衡·书解》

道得众则得国，失众则失国。——〔春秋至秦汉〕《礼记·大学》

治国有常，而利民为本。——〔战国〕文子《文子·上义》

其身正，不令而行；其身不正，虽令不从。——〔春秋〕孔子《论语·子路》

安而不忘危，存而不忘亡，治而不忘乱。——〔殷周至秦汉〕《周易·系辞下》

天下之患，最不可为者，名为治平无事，而其实有不测之忧。坐观

其变而不为之所，则恐至于不可救。——〔北宋〕苏轼《晁错论》

以实则治，以文则不治。——〔清〕唐甄《潜书·权实》

为之于未有，治之于未乱。——〔春秋〕老子《老子·第六十四章》

政如农功，日夜思之。——〔春秋〕左丘明《左传·襄公二十五年》

政令时，则百姓一，贤良服。——〔战国〕荀子《荀子·王制》

以天下之目视，则无不见也；以天下之耳听，则无不闻也；以天下之心虑，则无不知也。——《管子·九守·主明》

但愿审度时宜，虑定而动，天下无不可为之事。——〔明〕张居正《答宣大巡抚吴环洲策黄酋》

为政以德，譬如北辰，居其所而众星共之。——《论语·为政》

当官之法，惟有三事，曰清、曰慎、曰勤。——〔南宋〕吕本中《官箴》

取法于上，仅得为中；取法于中，故为其下。——〔唐〕李世民《帝范》

修其心治其身，而后可以为政于天下。——〔北宋〕王安石《洪范传》

君子之道，莫大乎以忠诚为天下倡。——〔清〕曾国藩《治心经·诚心篇》

人之忠也，犹鱼之有渊。——〔三国·蜀汉〕诸葛亮《兵要》

君子不患位之不尊，而患德之不崇；不耻禄之不夥，而耻智之不博。——〔东汉〕张衡《应间》

廉不言贫，勤不言苦；尊其所闻，行其所知。——古格言联（河南内乡县衙楹联）

慧者心辩而不繁说，多力而不伐功，此以名誉扬天下。——〔春秋战国之际〕墨子《墨子·修身》

静而后能安，安而后能虑，虑而后能得。——〔春秋至秦汉〕《礼记·大学》

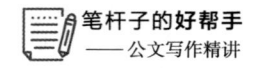

大道之行也，天下为公。——〔春秋至秦汉〕《礼记·礼运》

备豫不虞，为国常道。——〔唐〕吴兢《贞观政要·卷二·直谏（附）》

修其教不易其俗，齐其政不易其宜。——〔春秋至秦汉〕《礼记·王制》

万物各得其和以生，各得其养以成。——〔战国〕荀子《荀子·天论》

观之上古，验之当世，参之人事，察盛衰之理，审权势之宜，去就有序，变化因时，故旷日长久而社稷安矣。——〔西汉〕贾谊《过秦论·下篇》

草木荣华滋硕之时，则斧斤不入山林，不夭其生，不绝其长也；鼋鼍、鱼鳖、鳅鳝孕别之时，罔罟、毒药不入泽，不夭其生，不绝其长也。——〔战国〕荀子《荀子·王制》

知其事而不度其时则败。——〔唐〕陆贽《论缘边守备事宜状》

常制不可以待变化，一途不可以应无方，刻船不可以索遗剑。——〔东晋〕葛洪《抱朴子·外篇·广譬》

庶人之富者累巨万，而贫者食糟糠。——〔东汉〕班固《汉书·食货志第四上》

穷理者，欲知事物之所以然，与其所当然者而已。——〔南宋〕朱熹《答或人》

仁义忠信，乐善不倦，此天爵也。——〔战国〕孟子《孟子·告子上》

是非疑，则度之以远事，验之以近物。——〔战国〕荀子《荀子·大略》

不患寡而患不均，不患贫而患不安。——《论语·季氏》

芳林新叶催陈叶，流水前波让后波。——〔唐〕刘禹锡《乐天见示伤微之、敦诗、晦叔三君子，皆有深分，因成是诗以寄》

随时以举事，因资而立功，用万物之能而获利其上。——〔战国

韩非子《韩非子·喻老》

故天下兼相爱则治,交相恶则乱。——〔春秋战国之际〕墨子《墨子·兼爱上》

故圣人之处国者,必于不倾之地,而择地形之肥饶者。乡山,左右经水若泽。——《管子·度地》

不要人夸颜色好,只留清气满乾坤。——〔元〕王冕《墨梅四首》其三

善学者尽其理,善行者究其难。——〔战国〕荀子《荀子·大略》

行百里者,半于九十。——〔战国至秦汉〕《战国策·秦策五》

民生在勤,勤则不匮。——〔春秋〕左丘明《左传·宣公十二年》

为者常成,行者常至。——〔战国至秦〕《晏子春秋·内篇·杂下》

单则易折,众则难摧。——〔北齐〕魏收《魏书·吐谷浑列传》

虑善以动,动惟厥时。——〔上古时代〕《尚书·说命》

路漫漫其修远兮,吾将上下而求索。——〔战国〕屈原《楚辞·离骚》

故积力之所举,即无不胜也;众智之所为,即无不成也。——〔战国〕文子《文子·下德》

孤举者难起,众行者易趋。——〔清〕魏源《默觚·治篇八》

不闻不若闻之,闻之不若见之,见之不若知之,知之不若行之,学至于行之而止矣。——〔战国〕荀子《荀子·儒效》

看似寻常最奇崛,成如容易却艰辛。——〔北宋〕王安石《题张司业诗》

知行相资以为用。——〔明清之际〕王夫之《礼记章句·中庸衍》

涉浅水者见虾,其颇深者察鱼鳖,其尤甚者观蛟龙。——〔东汉〕王充《论衡·别通》

遇事无难易，而勇于敢为。——〔北宋〕欧阳修《尹师鲁墓志铭》

功崇惟志，业广惟勤。——〔上古时代〕《尚书·周书·周官》

一勤天下无难事。——〔清〕钱德苍《解人颐·勤懒歌》

合抱之木，生于毫末；九层之台，起于累土，千里之行，始于足下。——〔春秋〕老子《老子·第六十四章》

臣闻大厦之成，非一木之材也；大海之润，非一流之归也。——（明）冯梦龙《东周列国志·第十六回》

图难于其易，为大于其细。天下难事，必作于易；天下大事，必作于细。——〔春秋〕老子《道德经·第六十三章》

盖闻物有甘苦，尝之者识；道有夷险，履之者知。——〔明〕刘基《拟连珠》

夫耳闻之不知目见之，目见之不如足践之，足践之不如手辨之。——〔西汉〕刘向《说苑·政理》

在上者不受虚言，不听浮术，不采华名，不兴伪事。言必有用，术必有典，名必有实，事必有功。——〔东汉〕荀悦《申鉴·俗嫌》

国将兴，必贵师而重傅；贵师而重傅，则法度存。——〔战国〕荀子《荀子·大略》

夫道不欲杂，杂则多，多则扰，扰则忧，忧而不救。——〔战国〕庄子《庄子·人间世》

师者，所以传道授业解惑也。——〔唐〕韩愈《师说》

为天地立心、为生民立道、为去圣继绝学、为万世开太平。——〔北宋〕张载《张子语录》

博观而约取，厚积而薄发。——〔北宋〕苏轼《稼说·送张琥》

抑为之不厌，诲人不倦，则可谓云尔已矣。——《论语·述而》

师也者，教之以事而喻诸德者也。——〔春秋至秦汉〕《礼记·文王世子》

为学之道，必本于思。——〔北宋〕程颢、程颐《二程遗书·伊川先生语》

三人行，必有我师焉。择其善者而从之，其不善者而改之。——《论语·述而》

人才有高下，知物由学。——〔东汉〕王充《论衡·实知》

凡贵通者，贵其能用之也。——〔东汉〕王充《论衡·超奇》

吾生也有涯，而知也无涯。——〔战国〕庄子《庄子·养生主》

腹有诗书气自华。——〔北宋〕苏轼《和董传留别》

学而不思则罔，思而不学则殆。——《论语·为政》

知之者不如好之者，好之者不如乐之者。——《论语·雍也》

故不积跬步，无以至千里；不积小流，无以成江海。——〔战国〕荀子《荀子·劝学》

少年辛苦终身事，莫向光阴惰寸功。——〔唐〕杜荀鹤《题弟侄书堂》

独学而无友，则孤陋而寡闻。——〔春秋至秦汉〕《礼记·学记》

学者非必为仕，而仕者必如学。——〔战国〕荀子《荀子·大略》

纸上得来终觉浅，绝知此事要躬行。——〔南宋〕陆游《冬夜读书示子聿》

博学之，审问之，慎思之，明辨之，笃行之。——〔春秋至秦汉〕《礼记·中庸》

学如弓弩，才如箭镞。——〔清〕袁枚《续诗品·尚识》

学所以益才也，砺所以致刃也。——〔西汉〕刘向《说苑·建本》

少而好学，如日出之阳；壮而好学，如日中之光；老而好学，如炳

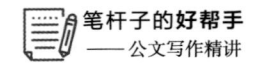

烛之明。——〔西汉〕刘向《说苑·建本》

宰相必起于州部，猛将必发于卒伍。——〔战国〕韩非子《韩非子·显学》

盖有非常之功，必待非常之人。——〔东汉〕班固《汉书·武帝纪第六》

臣观前代邦之兴，由得人也；邦之亡，由失人也。得其人，失其人，非一朝一夕之故，其所由来者渐矣。——〔唐〕白居易《策林·辨兴亡之由》

为政之要，莫先于用人。——〔北宋〕司马光《资治通鉴·魏纪五》

思皇多士，生此王国。王国克生，维周之桢；济济多士，文王以宁。——〔西周〕《诗经·大雅·文王》

千人之诺诺，不如一士之谔谔。——〔西汉〕司马迁《史记·商君列传第八》

不知人之短，不知人之长，不知人长中之短，不知人短中之长，则不可以用人，不可以教人。——〔清〕魏源《默觚·治篇七》

我劝天公重抖擞，不拘一格降人才。——〔清〕龚自珍《己亥杂诗》

骏马能历险，力田不如牛。坚车能载重，渡河不如舟。——〔清〕顾嗣协《杂兴》

浩渺行无极，扬帆但信风。——〔唐〕尚颜《送朴山人归新罗》

一花独放不是春，百花齐放春满园。——〔明清〕《古今贤文》

若以水济水，谁能食之？若琴瑟之专壹，谁能听之？——〔春秋〕左丘明《左传·昭公二十年》

万物并育而不相害，道并行而不相悖。——〔春秋至秦汉〕《礼记·中庸》

己所不欲，勿施于人。——《论语·卫灵公》

圣人不积，既以为人，己愈有；既以与人，己愈多。——〔春秋〕老子《老子·第八十一章》

橘生淮南则为橘，生于淮北则为枳，叶徒相似，其实味不同。所以然者何？水土异也。——〔战国至秦〕《晏子春秋·内篇·杂下》

山积而高，泽积而长。——〔唐〕刘禹锡《唐故监察御史赠尚书右仆射王公神道碑》

明者因时而变，知者随事而制。——〔西汉〕桓宽《盐铁论·忧边第十二》

穷则独善其身，达则兼善天下。——〔战国〕孟子《孟子·尽心上》

立天下之正位，行天下之大道。——〔战国〕孟子《孟子·滕文公下》

夫和羹之美，在于合异。——〔西晋〕陈寿《三国志·魏书·夏侯玄传》

故国虽大，好战必亡；天下虽安，忘战必危。——〔春秋〕《司马法·仁本》

海内存知己，天涯若比邻。——〔唐〕王勃《杜少府之任蜀州》

桃李不言，下自成蹊。——〔西汉〕司马迁《史记·李将军列传第四十九》

志合者，不以山海为远。——〔东晋〕葛洪《抱朴子·外篇·博喻》

落其实思其树，饮其流怀其源。——〔北周〕庾信《徵调曲》（其六）

有朋自远方来，不亦乐乎。——《论语·学而》

量腹而受，度身而衣。——〔春秋战国之际〕墨子《墨子·鲁问》

亲仁善邻，国之宝也。——〔春秋〕左丘明《左传·隐公六年》

日月不同光，昼夜各有宜。——〔唐〕孟郊《答姚怤见寄》

礼之用，和为贵。——《论语·学而》

未之见而亲焉，可以往矣；久而不忘焉，可以来矣。——《管子·形势》

得其大者可以兼其小。——〔北宋〕欧阳修《易或问》

人君以至诚为道，以至仁为德。——〔北宋〕苏轼《上初即位论治道二首·道德》

锄一害而众苗成，刑一恶而万民悦。——〔西汉〕桓宽《盐铁论·后刑第三十四》

大凡治事，必需通观全局，不可执一而论。——〔清〕钱泳《履园丛话·水学·三江》

纪纲一废，何事不生？——〔北宋〕苏轼《上神宗皇帝书》

诛一恶则众恶惧。——〔三国〕陆景《典语》

新松恨不高千尺，恶竹应须斩万竿。——〔唐〕杜甫《将赴成都草堂途中有作，先寄严郑公五首》（其四）

吏不廉平，则治道衰。——〔东汉〕班固《汉书·宣帝纪第八》

欲知平直，则必准绳；欲知方圆，则必规矩。——〔战国〕吕不韦及门客《吕氏春秋·自知》

莫用三爷，废职亡家。——〔清〕汪辉祖《学治臆说·至亲不可用事》

善除害者察其本，善理疾者绝其源。——〔唐〕白居易《策林一·兴五福销六极》

群臣朋党，则宜有内乱。——《管子·参患》

有功必赏，有罪必罚，则为善者日进，为恶者日止。——〔北宋〕司马光《资治通鉴·陈纪三》

不矜细行，终累大德。——〔上古时代〕《尚书·旅獒》

一丝一粒，我之名节；一厘一毫，民之脂膏。宽一分，民受赐不止

一分；取一文，我为人不值一文。谁云交际之常，廉耻实伤；倘非不义之财，此物何来？——〔清〕张伯行《禁止馈送檄》

夫祸患常积于忽微，而智勇多困于所溺。——〔北宋〕欧阳修《新五代史·伶官传第二十五》

善禁者，先禁其身而后人。——〔东汉〕荀悦《申鉴·政体》

公生明，廉生威。——〔明〕年富《官箴》刻石

俭则约，约则百善俱兴；侈则肆，肆则百恶俱纵。——〔清〕金缨《格言联璧·持躬》

奢靡之始，危亡之渐也。——〔北宋〕欧阳修、宋祁等《新唐书·列传第三十·褚遂良》

物必先腐，而后虫生之。——〔北宋〕苏轼《范增论》

历览前贤国与家，成由勤俭破由奢。——〔唐〕李商隐《咏史》

诚欲正朝廷以正百官，当以激浊扬清为第一要义。——〔明清之际〕顾炎武《与公肃甥书》

地位清高，日月每从肩上过；门庭开豁，江山常在掌中看。——〔南宋〕朱熹题白云岩书院对联

禁微则易，救末者难。——〔南朝·宋〕范晔《后汉书·桓荣丁鸿列传第二十七》

位卑未敢忘忧国。——〔南宋〕陆游《病起书怀》

千磨万击还坚劲，任尔东西南北风。——〔清〕郑燮《竹石》

志之所趋，无远勿届，穷山距海，不能限也。志之所向，无坚不入，锐兵精甲，不能御也。——〔清〕金缨《格言联璧·学问》

石可破也，而不可夺坚；丹可磨也，而不可夺赤。——〔战国〕吕不韦及门客《吕氏春秋·诚廉》

苟利国家生死以，岂因祸福避趋之？——〔清〕林则徐《赴戍登程口占示家人》

天行健，君子以自强不息。——〔殷周至秦汉〕《周易·乾卦》

富贵不能淫，贫贱不能移，威武不能屈。——〔战国〕孟子《孟子·滕文公下》

苟日新，日日新，又日新。——〔春秋至秦汉〕《礼记·大学》

不日新者必日退。——〔北宋〕程颢、程颐《二程集·河南程氏遗书·卷第二十五》

且夫水之积也不厚，则其负大舟也无力。——〔战国〕庄子《庄子·逍遥游》

昨日是而今日非矣，今日非而后日又是矣。——〔明〕李贽《藏书·世纪列传总目前论》

工欲善其事，必先利其器。——《论语·卫灵公》

然是虽常是，有时而不用；非虽常非，有时而必行。——〔战国〕尹文子《尹文子·大道上》

易穷则变，变则通，通则久。——〔殷周至秦汉〕《周易·系辞下》

故情者文之经，辞者理之纬；经正而后纬成，理定而后辞畅。此立文之本源也。——〔南朝·梁〕刘勰《文心雕龙·情采》

感人心者，莫先乎情。——〔唐〕白居易《与元九书》

盲人骑瞎马，夜半临深池。——〔南朝·宋〕刘义庆《世说新语·排调》

如竹苞矣，如松茂矣。——〔春秋〕《诗经·小雅·斯干》

胡马依北风，越鸟巢南枝。——《古诗十九首·行行重行行》

山明水净夜来霜，数树深红出浅黄。——〔唐〕刘禹锡《秋词二首》（其二）

草木蔓发，春山可望。——〔唐〕王维《山中与裴秀才迪书》

太山之高，背而弗见；秋毫之末，视之可察。——〔西汉〕刘安及门客《淮南子·说林训》

风翻白浪花千片，雁点青天字一行。——〔唐〕白居易《江楼晚眺，景物鲜齐，吟玩成篇，寄水部张员外》

接天莲叶无穷碧，映日荷花别样红。——〔南宋〕杨万里《晓出净慈寺送林子方》（其二）

褚小者不可以怀大，绠短者不可以汲深。——〔战国〕庄子《庄子·至乐》

舟车所至，人力所通，天之所覆，地之所载，日月所照，霜露所队，凡有血气者，莫不尊亲，故曰配天。——〔春秋至秦汉〕《礼记·中庸》

慈母手中线，游子身上衣。临行密密缝，意恐迟迟归。谁言寸草心，报得三春晖。——〔唐〕孟郊《游子吟》

悠悠天宇旷，切切故乡情。——〔唐〕张九龄《西江夜行》

凡菱笋、鱼虾，从水中采得，过半个时辰，则色味俱变；其为菱笋、鱼虾之形质，依然尚在，而其天则已失矣。谚云："死蛟龙，不若活老鼠。"——〔清〕袁枚《随园诗话补遗》

笼天地于形内，挫万物于笔端。——〔西晋〕陆机《文赋》

观古今于须臾，抚四海于一瞬。——〔西晋〕陆机《文赋》

疑今者，察之古；不知来者，视之往。——《管子·形势》

其作始也简，其将毕也必巨。——〔战国〕庄子《庄子·人间世》

明镜所以照形，古事所以知今。——〔西晋〕陈寿《三国志·吴书·吴主五子传》

时穷节乃见，一一垂丹青。——〔南宋〕文天祥《正气歌》

于是度之往事，验之来事，参之平素，可则决之。——《鬼谷子·决篇》

得道者多助，失道者寡助。——〔战国〕孟子《孟子·公孙丑下》

天地英雄气，千秋尚凛然。——〔唐〕刘禹锡《蜀先主庙》

靡不有初，鲜克有终。——〔春秋〕《诗经·大雅·荡》

自知者英，自胜者雄。——《中说·周公篇》

国无常强，无常弱。奉法者强则国强，奉法者弱则国弱。——〔战国〕韩非子《韩非子·有度》

盖君子之为政，立善法于天下，则天下治；立善法于一国，则一国治。——〔北宋〕王安石《周公》

道私者乱，道法者治。——〔战国〕韩非子《韩非子·诡使》

盖天下之事，不难于立法，而难于法之必行。——〔明〕张居正《请稽查章奏随事考成以修实政疏》

法令既行，纪律自正，则无不治之国，无不化之民。——〔北宋〕包拯《上殿札子》

故治国者，圆不失规，方不失矩，本不失末，为政不失其道，万事可成，其功可保。——〔三国·蜀汉〕诸葛亮《便宜十六策·治乱第十二》

法立，有犯而必施；令出，唯行而不返。——〔唐〕王勃《上刘右相书》

法与时转则治，治与世宜则有功。——〔战国〕韩非子《韩非子·心度》

法者，治之端也。——〔战国〕荀子《荀子·君道》

法之不行，自于贵戚。——〔西汉〕司马迁《史记·秦本纪第五》

举直错诸枉，则民服；举枉错诸直，则民不服。——《论语·为政》

法令行则国治，法令弛则国乱。——〔东汉〕王符《潜夫论·述赦》

我人心似铁,他官法如炉。——〔元〕白朴《裴少俊墙头马上》

杀人者死,伤人及盗抵罪。——〔西汉〕司马迁《史记·高祖本纪第八》

故有道以统之,法虽少,足以化矣;无道以行之,法虽众,足以乱矣。——〔西汉〕刘安及门客《淮南子·泰族训》

泾溪石险人兢慎,终岁不闻倾覆人。却是平流无石处,时时闻说有沉沦。——〔唐〕杜荀鹤《泾溪》

多言数穷,不如守中。——〔春秋〕老子《老子·第五章》

故兵无常势,水无常形;能因敌变化而取胜者,谓之神。——〔春秋〕孙武《孙子兵法·虚实第六》

莫言下岭便无难,赚得行人错喜欢。正入万山圈子里,一山放出一山拦。——〔南宋〕杨万里《过松源晨炊漆公店》

见骥一毛,不知其状;见画一色,不知其美。——〔战国〕尸佼《尸子》

不识庐山真面目,只缘身在此山中。——〔北宋〕苏轼《题西林壁》

惟自古不谋万世者,不足谋一时;不谋全局者,不足谋一域。——〔清〕陈澹然《寤言·迁都建藩议》

变化者,乃天地之自然。——〔东晋〕葛洪《抱朴子·内篇·黄白》

先立乎其大者,则其小者不能夺也。——〔战国〕孟子《孟子·告子上》

甘瓜抱苦蒂,美枣生荆棘。——〔汉〕无名氏《古诗》

臣闻聪者听于无声,明者见于未形,故圣人万举而万全。——〔东汉〕班固《汉书·蒯五江息夫传第十五》

名非天造,必从其实。——〔明清之际〕王夫之《思问录·外篇》

理者,物之固然,事之所以然也。——〔明清之际〕王夫之《张子

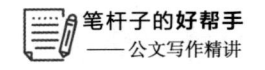

正蒙注·至当》

登泰山而览群岳，则冈峦之本末可知也。——〔唐〕王勃《八卦大演论》

善治病者，必医其受病之处；善救弊者，必塞其起弊之原。——〔北宋〕欧阳修《准诏言事上书》

事不凝滞，理贵变通。——〔元〕脱脱等《宋史·列传第十五·赵普》

秉纲而目自张，执本而末自从。——〔西晋〕傅玄《傅子》

独阴不生，独阳不生，独天不生，三合然后生。——〔战国〕穀梁赤《春秋穀梁传·庄公三年》

臣愿陛下操其要于上，而分其详于下。——〔南宋〕陈亮《中兴五论·论执要之道》

### 范文参考

#### 在广州岭南学生欢迎会的演说（节选）

孙中山

诸君：

兄弟今日得来此地，对岭南大学学生会，有机会和诸君相见，我是很喜欢的。

……

诸君现在受教育的时候，预想将来学成之后，有一种贡献到社会上，究竟应该做些什么事呢？诸君现在还未毕业，知识不大发达，学问没有成就，自然不能责备诸君，一定要做些什么事，但是在没有做事之先，应该有什么预备呢？应该要注意些什么事呢？依我看来，在这个时期之内，第一件是要立志。立志是读书人最要紧的一件事。中国人读书的思想，都以为士为四民之首，比农、工、商贾几种人都要高一些。二三十年以前的学生，他们有一种立志，就是在闭户自读的时候，总想入学、中举、点翰林。以后还要做大官。我今天希望诸君的，不是那种旧思想的立志，是比那入学、中举、点翰林、做大官的志还要更大。中国几千年以来，有志的人本不少，但是他们那种立志的旧思想，专注重发达个人，为个人谋幸福，和近代的思想大不相合。近代人类立志的思想，是注重发达人群，为大家谋幸福。……如果我们立志，改良国家，万众一心，协力奋斗做去，还是可以追踪欧美，若是不然，中国便事事落在人尾，永远不能自己发达，永远没有进步。推其极端，中国便非沦于灭亡不可。所以现在的青年，便应该以国家为己任，把建设将来社会事业的责任担负起来。这种志愿究竟是如何立法呢？我读古今中外的历史，知道世界极有名的人，不全是从政治事业一方面做成功的；有在政权上一时极有势力的人，后来并不知名的；有极知名的人，完全是在政治范围之外的。简单的[地]说，古今人物之名望的高大，不是在他所做的官大，是在他所做的事业成功。如果一件事业能够成功，便能够享大名。**所以我劝诸君立志，是要做大事，不可要做大官。**

什么是叫做大事呢？大概的[地]说，无论那[哪]一件事，只要从头至尾，彻底做成功，便是大事。譬如从前有个法国人叫做柏斯多，专用心力考察人眼所不能见的东西，那种东西极微妙，极无用处，为通常人目力之所不及。在普通人看起来，必以为算不得一回什么事，何以枉费工夫去研究他呢？但是柏斯多把他的构造性质和对于别种东西的关系，自头至尾研究出来成一种有系统的结果，把这种东西便叫做微生物。由研究这种微生物，便发现微生物对于各种动植物的妨害极大，必须要把他扑灭才好。……譬如从前的人，不知道蚕有受病的，所以常常有许多蚕吐丝不多，所获的利益极微。现在知道蚕也有受病的，蚕受了病，便不能吐丝。考察他[它]受病的原因，是由于有一种微生物；消灭这种微生物，便可医好蚕的病，乃可多吐丝。现在广东每年所出丝加多几千万，但许多还有不知道医蚕病的，如果都知道消灭害蚕的微生物，更可增加无限的收入，那种利益该是何等大呢？现在全世界上由于知道消灭害蚕的微生物，所得的总利益，又是何等大呢？但是当柏斯多立志研究微生物的时候，他也不知道有这样大的利益。用这件故事证明的意思，便是说微生物本是极微妙极小的东西。但是研究他关系于动植物的利害，有一种具体结果，贡献到人类，便是一件很大的事。柏斯多立志研究的东西，虽然说是很小，但是他彻底得了结果，便是成了大事，所以他在历史上便享大名。我们中国从前的人，都不知道象[像]柏斯多这样的立志，只知道立志要入学、中举、点状元、做宰相，并且还有要做皇帝的。譬如秦始皇出游的时候，刘邦、项羽都看见了，便各自叹气，表示自己的志愿。项羽说："彼可取而代之。"刘邦说："大丈夫当如是也。"他两个人的口气虽然不同，但是他们的志愿，毫没有分别。换句话说，都是想做皇帝。这种思想，久而久之，便传播到普通人群中，所以从此以后，中国人都想做皇帝，便不想做别的事。自民国成立以来，不是象[像]袁世凯想做皇帝，便是象[像]一般军阀想做督军、巡阅使，那也是错了。因为要达到那种地位是很不容易的，障碍物是很多的。因为他们立志一定要达到那种地位，所以弄到杀人放火，残贼人类，亦所不惜。诸君想想：那志愿是好是不好呢？一定是不好的，所以我们必须要消灭那种志愿。至于学生立志，注重之点，万不可想要达到什么地位，必须要想做成一件什么事。因为地位是关系个人的。达到了什么地位，只能为个人谋幸福。事业是关系于群众的，做成了什么事，便能为大家谋幸福。

近代人类的思想，是注重谋大家的幸福，我从前已经说过了。大家又知道，许多做大事成功的人，不尽是在学校读过了书的。也有向来没有进过学校，能够做成大事业的。不过那种人是天生的长处。普通人要所做的事不错，必要取法古人的长处才好。所以我们要进学校读书，取古今中外人的知识才学，来帮助我做一件大事，然后那件大事，便容易成功。

诸君又勿谓现在进农科，学耕田的学问，将来学成之后，只是一个农夫。不知道耕田也是一件大事，从前后稷教民稼穑，树艺五谷。因为稼穑是一件很有益于人民的事，他不怕劳动，去教导百姓，后来百姓感恩戴德，他便做了皇帝；说起出身来，后稷还是一个耕田佬呀！那个耕田佬也做过了皇帝呀！古时做过皇帝的人，该有多少呢？现在世人都把他们的姓名忘记了，只有后稷做过耕田佬，所以世人至今还不忘记他。现在科学进步，外国新发明的农科器具，比旧时好的[得]多，事半功倍，只用一人之耕，可得几千人之食。诸君现在学农科的，学到成功之后，就是象[像]外国的农夫，能够一人耕而有几千人之食，也不可以为到了止境。必要再用更新的科学道理，改良耕田的方法，以至用一人耕，能够有几万人食，或几百万人食，那才算是有志之士。总而言之，诸君现在学校求学，无论是那[哪]一门科学，象[像]文学、理化学、农学，只要是自己性之所近，便拿那一门来反复研究。把其余关系于那一门的科学，也去过细参考，借用他[它]们的道理和方法，来帮助那一门科学的发展，彻底考察，以求一个成功的结果。那么，就是象[像]中国的后稷教民耕田，法国柏斯多发明微生物对于动植物的利害，都是功德无量的大事。

我再举一件故事说：从前有个英国人叫做达尔文，他始初专拿蚂蚁和许多小虫来玩，后来便考察一切动物，过细推测，便推出进化的道理。

现在扩充这个道理,不但是一切动物变化的道理包括在内,就是社会、政治、教育、伦理等种种哲理,都不能逃出他的范围之外。所以达尔文的功劳,比世界上许多皇帝的功劳还要大些。世界上的皇帝该有多少呢?诸君多有不知道他们姓名的,现在诸君总没有一个人不知道达尔文的。所以达尔文的功,实在是驾乎皇帝之上。由这样讲来,无论什么事,只要能够彻底做成功,便算是大事。所以由考察微生物得来的道理是大事,由玩蚂蚁得来的道理,也是大事。不过我们读书的时候,必须用自己的本能做去才好。甚么是本能呢?就是自己喜欢要做的事;就自己喜欢所做的事彻底做去,以求最后的成功,中途不要喜新厌旧,见异思迁,那便是立志。立志不可有今日立一种甚么志,明日便要到一个什么地位。从前做皇帝的思想,是过去的陈迹,要根本的[地]打破他。立志是拿一件事,彻底做成功,为世界上的新发明。如果有了新发明,世界上的地位多得很,诸君不愁不能自占一席。

我们立志,还要合乎中国国情。象[像]四十多年前,中国派许多学生到外国去留学,尤其以派到美国的为最早。他们到了美国之后,不管中国为什么要派留学生,学成了以后,究竟以中国有什么用处,以为到了美国,只要学成美国人一样便够了。所以他们在外国的时候,便自称为什么"佐治""维廉""查理",连中国的姓名也不要。回国之后,不徒是和中国的饮食起居,不能合宜,就是中国的话也不会讲。所以住不许久,便厌弃中国,仍然回到美国。当中也有立志稍为高尚一点的,回到美国之后,仍然有继续研究学问的。不过那一种学生,对于中国的饮食起居和人情物理,一点儿也不知,所有的思想行为和美国人丝毫没有分别。所以他们不能说是中国人,只可说是美国人。至于下一等的,回到美国,便每日游手好闲,无所事事。因为不是学生,取消了官费或家庭接济，弄到后来，甚至个人的生活都不能维持；于是为非作歹，无所不做，便完全变成一种无赖的地痞。以中国的留学生，不回来做中国的国民，偏要去做美国的地痞，那是有什么好处呢？甚至有在美国的时候，连中国人住的地方，都不敢去；逢人说起国籍来，总不承认是中国人。试问这种学生，究竟是何居心呢？这种学生，可以说是无志，只知道学人，不知道学成了想自己来做事。

诸君现在岭南大学，受美国人的教育多，受中国人的教育少。环顾学校之内，四围有花草树木的风景，洋房马路的建筑，这一种繁华文明的气象，比较学校以外，象 [像] 大塘、康乐等处的荒野景象，真是有天壤之别呀。我们中国人现在的痛苦，每日生活，至少总有三万万人，朝不保夕，愁了早餐愁晚餐，所以中国是世界上最穷弱的国家。诸君享这样的安乐幸福，想到国民同胞的痛苦，应该有一种恻隐怜爱之心。孟子所说："无恻隐之心非人也。"这是诸君所固有的良知。诸君应该立志，想一种什么方法来救贫救弱，这种志愿，是人人应该要立的。要大家担负救贫救弱的责任，去超渡同胞。如果大家都有这种志愿，将来的中国，便可转弱为强，化贫为富。

……

诸君今天欢迎我来演讲，我贡献诸君的，就是要诸君立志，要有国民的大志气，专心做一件事，帮助国家变成富强。这个要中国富强的事务，就是诸君的责任；要诸君担负这个责任，便是我的希望。

（1923 年 12 月 21 日）

## 葛底斯堡演说

亚伯拉罕·林肯

87年前,我们的先辈们在这个大陆上创立了一个新国家,它孕育于自由之中,奉行一切人生来平等的原则。

现在我们正从事一场伟大的内战,以考验这个国家,或者任何一个孕育于自由和奉行上述原则的国家是否能够长久存在下去。我们在这场战争中的一个伟大战场上集会。烈士们为使这个国家能够生存下去而献出了自己的生命,我们来到这里,是要把这个战场的一部分奉献给他们作为最后安息之所。我们这样做是完全应该而且是非常恰当的。

但是,从更广泛的意义上来说,这块土地我们不能够奉献,不能够圣化。那些曾在这里战斗过的勇士们,活着的和去世的,已经把这块土地圣化了,这远不是我们微薄的力量所能增减的。我们今天在这里所说的话,全世界不大会注意,也不会长久地记住,但勇士们在这里所做过的事,全世界却永远不会忘记。

毋宁说,倒是我们这些还活着的人,应该在这里把自己奉献于勇士们已经如此崇高地向前推进但尚未完成的事业,倒是我们应该在这里把自己奉献于仍然留在我们面前的伟大任务——我们要从这些光荣的死者身上汲取更多的献身精神,来完成他们已经完全彻底为之献身的事业;我们要在这里下定最大的决心,不让这些死者白白牺牲;我们要使国家在上帝福佑下得到自由的新生,要使这个民有、民治、民享的政府永世长存。

(1863年11月19日)

## 第三节　如何写好经验材料

从中央到地方，从政府到企业，从会议到媒体都会高频率使用经验材料，其质量的高低，是衡量个人写作实力强弱的重要标志。

### 一、经验材料的定义

经验材料是一种总结、交流、推广先进典型经验的文字材料，属于工作总结性质的文种，但与工作总结又有不同之处：从内容上看，经验材料注重讲工作亮点，不像工作总结一样需要面面俱到。从参照物上看，经验材料注重跟别人比，不像工作总结一样是跟自己初期的计划比。

### 二、经验材料的特征

经验材料的主要特征有以下几种：

#### （一）真实性

真实性是经验材料的生命，每一条总结出来的经验都必须来自实践，同时又要接受实践的检验。引用的人物、事迹、做法、数据等信息不真实，去道听途说、张冠李戴、人为拔高或瞎编乱造，那么就会导致整个经验材料没有说服力和感召力。只有情况真实，才能写出实实在在的经验。

#### （二）先进性

经验材料是为将工作中的亮点介绍给别人，如果工作措施一般化，你有我有大家有，就谈不上典型，也没有介绍的价值。经验材料必须独具特色，摆脱"千人一面"，做到人无我有、人有我优、人优我新、人新我奇，而且能够有效解决工作中可能出现的各种新情况、新问题、新变

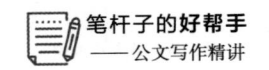

化，确保预期或超额完成目标，才是含"经"量高的经验。

**（三）代表性**

经验材料具有一定典型意义和普遍指导作用，是做好同类工作、化解同类难题的好对策、好办法。可供同类单位、人员学习和借鉴。如果不具有代表性，再好的经验材料也没有交流推广的必要。

**（四）实践性**

经验材料源于实践、指导实践并受实践检验。它的可贵之处在于其做法能够被学习借鉴，付诸实施，具有很强的可操作性。打算、设想、规划等没有付诸实施、取得实效的做法，再精彩也不是经验。

## 三、经验材料的分类

经验材料按照不同的形式有不同的分类方法，常见的分类有以下几种：

**（一）按性质分类**

按性质可分为取得进步类的经验材料和取得先进类的经验材料。

**（二）按内容分类**

按内容可分为专题类的经验材料和整体类的经验材料。

**（三）按用途分类**

按用途可分为向上呈报类的经验材料和向下推广类的经验材料。

## 四、经验材料的写法

经验材料的写作"套路"如下：

**（一）观点提炼要精深**

经验材料相对于其他公文写作文体，写作难度比较大，难就难在观点的提炼。观点是经验材料之魂，观点肤浅，那么整个材料就失去了灵魂，唯有观点让人耳目一新，才能使整个经验材料提起精神。

1. 广泛搜集素材

观点的产生在于收集、归纳、总结、分析、提炼，这些必然离不开调查研究，广泛搜集素材。

一是全面一点，切忌坐井观天。如果占有的素材片面，就难以看清事物的本质及其内在联系。占有的素材越全面，就越容易提炼出独到的观点。所以，搜集素材不能有倦懒怠惰的情绪，必须"贪多务得"，尽可能多地占有各个方面、各个类别、各个层次的相关素材。

二是深刻一点，切忌浅尝辄止。在搜集素材中要深入研究和认识相关事物的发展规律。当发现眉目之后，还应有"打破砂锅问到底"的钻劲，对自己的研究结果，要反复推敲，多问几个为什么，在逐一地寻找答案的过程中把研究工作一步步引向深入。

三是细致一点，切忌马马虎虎。俗话说"千里之堤，毁于蚁穴"，细节决定成败。在搜集素材的过程中，有时会出现一些几乎被人忽略的因素起到主导作用，而那些表象上看似起主导作用的因素，却并非真正的原因。这就要求我们在调查研究中一定要细致。

2. 做好上下结合

经验材料一定要紧扣时代脉搏，体现上级精神、围绕群众需求，给人以沁人心脾的感觉。

一要紧扣时代脉搏。要站在时代的高度，把时代提倡什么、需要什么搞清楚，提炼出有时代意义、满足时代需求的观点，以推动社会发展。

二要体现上级精神。贯彻落实上级精神是本级应有的工作职责，如果自身的工作措施在贯彻落实上级精神中效果好、成效大，那么推广出来，指导性无疑会很强。

三要围绕群众需求。人民群众是历史的真正创造者，经验材料是否具有推广价值，要看是否满足群众需求，得到群众认可。劳民伤财的"政绩工程""面子工程"是绝不可以作为经验进行推广的。

#### 3. 抓住个性特征

起草经验材料一定要匠心独运，独辟蹊径，提炼出具有个性特征的观点。

一是从对比中提炼观点。俗话说："不怕不识货，就怕货比货。"观点的提炼要立足局外看局内，着眼今年看往年，去比干劲、比进度、比效益，在另辟蹊径中，写出新意。

二是从事例中提炼观点。万事万物的存在与发展，总有一定的规律，寄寓着一定的道理。这种道理，体现于日常生活中、蕴含在平凡的事件里。这就要求我们要善于在典型事迹中提炼出观点。

三是从数据中提炼观点。数据是说明事物特征或事理最科学、最精确、最有说服力的依据。提炼出的观点有数据支撑，就能站得起，立得住。

### （二）文章布局要精巧

经验材料的谋篇布局很重要，如果逻辑混乱、条理不清、语意模糊，那么不仅会给读者带来理解上的困难，而且会影响主旨的明确表达。

#### 1. 清楚文章的总体结构怎么写

文章＝标题＋导语＋主体。一般来说，经验材料的总体结构应包括标题、导语、主体。

一是标题。俗话说："秧好一半谷，题好一半文。"拟一个靓丽醒目的标题可以为文章增光添彩，作为经验材料更要注意标题的制作，主标题通常是把经验高度集中地概括出来。

二是导语。导语的内容一般包括三个方面。一是有关单位或个人的基本情况。二是对所介绍的经验进行高度的概括。三是概括典型经验所取得的最为突出的成绩。

三是主体。典型经验材料的核心部分就是主体，它是对典型经验的具体展开，一般采取横向并列式结构。写这部分内容，一般是从总体上把典型经验按照一定的逻辑关系分成几个部分，各个部分紧紧围绕主题，服务于主题。

2. 清楚主体又分成几大块来写

主体是整个典型材料的主要部分，一定要有点睛之笔，动人之处。

一是按照简单明了的要求表达出来。要对以往的工作进行系统的回顾，将所有做出成绩的工作做法用文字简约的诸条表述出来，尽量用一些案例和数据来表述。

二是按照逻辑合理的要求排列出来。虽然表述出来的诸条经验属并列关系，但如果不进行归纳总结，整个经验材料就会显得非常平淡，所以要按照一定的逻辑关系分成几个部分，一般分成三或四个部分，不宜太少，也不宜太多，每个部分里面又可分为几个小部分。各部分要有内在联系，但不能互相重复、包含、交叉。

三是按照标题醒目的要求提炼出来。经验材料的一、二级标题一定要集思广益、反复推敲，尽可能对仗整齐、贴近实际、表述准确，既不能"哗众取宠"，又不能"滥竽充数"。

3. 清楚主体中的每一块写什么

段落＝背景＋做法＋成效。在选材布局上要尽量做到"过去与现实""集体与个人""点与面"相结合。

一是背景。用概述语言体现典型经验所处历史的、自然的、社会的

— 119 —

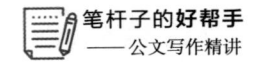

背景。这一部分也可以省略掉。

二是做法。一般应包含体制、机制、制度的优化；人、财、物的保障；领导、部门、社会的支持；并辅之以当地创造性的工作、特色化的做法，让读者体会典型经验的独特之处。

三是成效。总结典型经验所产生的经济效应、生态效应、社会效应，特别是要总结在条件艰苦、情况复杂、矛盾交织下所取得的成绩、所产生的效应，让读者体会到典型经验的宝贵之处。

**（三）行文表达要精当**

经验材料不需要过多的修饰、过多的添枝加叶，只需要将经验做法表达清楚就行。

**1. 材料要选好**

如果经验材料的"经验"离开了材料，那么就是无源之水、无本之木。

一是选择关联度高的材料。选择材料要选与经验做法贴得紧、关系直接的材料，使主题集中、鲜明、突出，否则不论材料多么生动也要毫不犹豫地舍弃。

二是选择典型性强的材料。典型性强的材料会使读者便于理解，并留下深刻印象，因此，选择材料要选那些最能支持和佐证观点的材料。

三是选择新鲜度好的材料。材料宜"新颖"忌"陈旧"。俗话说："宁吃鲜桃一口，不吃烂杏一筐。"材料不新鲜，就不具有个性化特征，就无法吸引人读。因而选择材料要避免陈词滥调、老生常谈，而要选那些新典型、新情况、新数据等。

**2. 用语要精练**

总结典型经验，主要是通过实实在在的事实说话。这就要求在语言文字的表述上，一定要多写朴实、简短和管用的话。

一是要多写朴实的话。不能过度追求词句的华丽，而应多用耳熟能详的语言，多用群众的语言，这样朴实自然、通俗易懂的语言可以让读者有一种亲切感，身临其境。

二是要多写简短的话。古人云，"要言不繁"。文章并非越长越好，"短而精""博而深"的文章，更能打动人，更具传播力，更能显示水平。因此，要尽量使用简短的语言，用短句表达最丰富的意思。凡是能一句话把事情说清楚，就不要用两句话。

三是要多写管用的话。空话、套话、假话，硬拉架子做文章就会遭人反感，而且还可能带来不好的社会影响。因此，要尽可能不选用做修饰成分或言过其实的形容词，要多写管用的真话、实话、心里话。

3.表述要灵活

要想文章吸引读者就要在句式上灵活多样，在表达上恰到好处。

一是切入角度要有异。千篇一律会让文章显得死板单调，引起读者的审美疲劳。因此，在同一篇经验材料中，不能都由"因此""为此"引出做法。可以从侧面、正面或反面等不同角度切入，避免雷同。

二是既活泼又有条理。文章有条理，思路便显得清晰，否则，次序混乱，前言不搭后语，读者便很难理解文章要表达的主要内容是什么。但是光讲条理不讲灵活，就会容易让文章显得死板。在表述上要巧用排比句，这样可以使文章既思路清晰，又生动活泼。

三是语言组织要简洁。经验材料不宜使用议论、描写、抒情这三种表达方式，否则会影响语言的简洁和观点的客观公正。叙述、说明等表达方式更适合经验材料。

## 范文参考

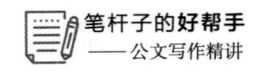

### ××县强力推动村级党员教育工作提质增效

2022年以来，针对以往村（社区）党员教育形式单一、内容单调、质量不高等问题，××县以"三个三"工作法推动党员教育工作提质增效。

**划分"三级责任主体"，强化统筹管理**

××县建立县、乡、村三级共同负责制，有效构建了横向到边、纵向到底的村级党员教育培训网络，确保普遍培训有形有效。

在县级层面，健全完善制度。健全完善党员教育培训联席会议制度，定期组织成员单位学习贯彻中央、省、市会议精神，建立农村党员教育培训师资库，实行动态管理，研究制定《××县2019—2023年党员教育培训工作规划》《2022年全县党员教育培训县级重点培训班计划》等规范性文件，推动党员教育阵地、队伍、内容体系建设，加强对村级党组织党员教育的指导督导、服务保障等工作。

在乡镇层面，履行兜底培训。县经济开发区和12个乡镇分别成立党校（党员教育中心），并制定培训方案，建立师资库，精心准备培训课程，切实履行兜底培训职责，推动村级党员培训全覆盖。截止2022年底，平均每个乡镇（开发区）举办培训班5期，合计培训党员7867人次。

在村级层面，积极组织配合。村（社区）党组织严格按照上级党组织的要求选调党员参加上级的集中培训班，并为每名党员建立培训档案，督促党员每年参加集中培训和集体学习时间一般不少于32学时，村级党组织书记和班子成员每年参加集中培训和集体学习时间不少于56学时、至少参加1次集中培训。

## 聚焦"三类培训对象",细化培训内容

××县针对不同类型、不同层次、不同岗位村级党员的实际需求"量身定制"培训内容,推动村级党员教育从"广覆盖"到"全覆盖"转变。

聚焦"头雁"队伍开设培训班。重点围绕贯彻习近平总书记关于"三农"工作的重要论述、党建引领乡村治理促乡村振兴、推进农业农村现代化、发展村级集体经济等内容开展培训。2022年,成功举办全县村(社区)党组织书记培训班、全县发展新型村级集体经济重点村党组织书记专题培训班、全县脱贫村暨乡村振兴示范创建村党组织书记培训示范班等,培训头雁队伍438人次。

聚焦农村党员开设培训班。重点围绕乡村振兴全面发展开展培训,加强乡村治理、产业发展、精神文明建设等内容开展培训。2022年,成功举办全县高素质农民党员培训示范班、全县农村流动党员培训示范班、全县农村退役军人党员培训示范班等,培训农村党员627人次。

聚焦社区党员开设培训班。重点围绕党建引领基层治理开展培训,加强城市建设、城乡社区治理、社会工作等内容开展培训。2022年,成功举办全县社区工作者培训班、社区党员培训班等,培训社区党员316人次。

## 用好"三大形式载体",优化学习方式

××县在巩固现有教育手段的基础上,运用研讨、教材、体验等教学方法,不断增强教育培训的吸引力和感染力。

分享+研讨,丰富教学形式。2022年,举办一期"乡村振兴大比武",13个乡镇(开发区)村级党组织书记走上演讲台,同台"打擂"。举办四期"书记论坛",193个村级党组织书记走上演讲台,观众直面"问",领导现场"评"。同时积极探索无领导小组讨论等其他党员教育互

助发展模式，通过互动式交流，宣传优秀经验和先进做法，逐步形成以强带弱、以点带面的良好局面。

视频＋书籍，充实教学内容。将村级优秀党员胡红安和高享柏的事迹拍摄成党员教育片，同时，以理想信念、宗旨意识、担当作为、廉洁自律等内容为主题在新华出版社出版党员教育培训教材《燃旺信仰的火焰》，以群众通俗易懂、喜闻乐见的方式，让村级党员不受时间、空间的限制，时时处处都能接受党的教育。

室内＋室外，创新教学方法。注重用好"室内""室外"两种资源，将理论学习与现场教学结合起来。统筹县内各类展馆、党建示范点和产业示范园等资源围绕乡村振兴、廉政建设、红色教育、技能培训等方面，在全县范围内打造了13处党员教育现场教学基地，充分发挥现场教学在党员教育培训中的"活性剂"作用。

## 第四节　如何写好调研报告

中共中央办公厅2010年印发的《关于推进学习型党组织建设的意见》明确要求："建立健全调查研究制度，省部级领导干部到基层调研每年不少于30天，市、县级领导干部不少于60天，领导干部要每年撰写1至2篇调研报告。"调查研究是谋事之基、成事之道。调查研究是做好领导工作的一项基本功，调查研究能力是领导干部整体素质和能力的一个组成部分。一篇好的调研报告，是下情上达的重要载体，有助于领导科学决策、推动工作。写好调研报告也是"笔杆子"必须掌握的一项基本功。

## 一、调研报告的定义

调查研究实质是认识事物的一种方法,也是认识事物的一个过程。它是有目的、有计划地通过一定的形式和途径,对客观事物进行观察了解,收集各种数据和素材,并在此基础上进行"去粗取精、去伪存真、由此及彼、由表及里"的分析研究,以获得关于客观规律的认识,最后以书面形式陈述出来,从而指导社会实践活动。

## 二、调研报告的特点

调研报告主要有以下几个特点:

### (一)客观性

一篇好的调研报告不是凭空想象出来的,也不是凭着经验就能写出来的,而是在大量且深入的调研过程的基础上形成的,它反映了事物的本来面目,切不能"坐在屋里定盘子,跑到下面找例子,回到机关写稿子"。

### (二)真实性

真实性是调研报告的生命。调研报告必须不唯上、不唯书,尊重实情、客观中立、靠事实说话。对成绩和问题,不能夸大,也不能缩小,更不能李代桃僵、移花接木。

### (三)针对性

调研的目的在于解决问题,推进工作。因此,调研报告的中心必须突出,明确所针对的问题,分析其症结所在,建议和对策要做到具体并切实可行。

### (四)细致性

只有深入实际,深入群众,对调查对象有了细致的、准确的把握,

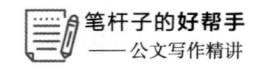

进而借此进行分析、归纳、推理和判断，才能形成科学决策。在调查过程中切不可粗心大意，粗枝大叶。

### 三、调研报告的分类

调研报告主要可以分为以下几类：

（一）总结经验类

该类调研报告通常是总结某地、某单位工作上的成功做法，注重把工作成绩搞清楚，把经验做法精准地提炼出来，发现带规律性示范性的东西，以此推动面上的工作。

（二）揭露问题类

该类调研报告主要是针对存在的负面问题予以揭露，并找准其根源，分析其危害，以期引起足够的重视，促人警觉，从而推动问题得到有效解决。

（三）新生事物类

该类调研报告是通过对新产生的事物进行调查研究，发现其背后隐藏的规律，以便未雨绸缪提前布局，有效应对未来可能呈现的多种状态，从而推动新生事物的良性发展。

（四）历史情况类

该类调研报告是对历史情况进行调查研究，有的是为了澄清历史是非，了解历史事件的真相，做出切实的结论；有的则是通过总结历史经验教训，从中得出规律性认识，形成科学理论，进而指导实践。

（五）研究探讨类

该类调研报告是通过对某项工作或全面工作的分析探讨，总结工作经验，找出问题并分析原因，提出解决问题的办法和途径，为今后工作指明努力的方向。

**（六）事实描述类**

该类调研报告着重于对所调查现象进行系统、全面、客观地描述，分析研究的成分相对少一些，展示的是某一现象的基本状况、发展过程和主要特点。

## 四、调研报告的方法

写好调研报告关键不在"报告"上，而是在"调研"上，可以说是"七分调研，三分写作"，因此，人们也形象地称调研报告是"十月怀胎，一朝分娩"。

**（一）科学确立选题**

写调研报告的第一件事情就是确定主题，谋划选题是调研报告的灵魂。

1. 选一个自己熟悉的题目

一个人不可能无所不知、无所不晓，做自己不熟悉的事情，内心总是会事先就将困难放大，如果选一个自己不熟悉的题目，就很难有一种得心应手的感觉。因此，结合自己的实际工作和知识结构去选题，更有利于把调查研究做得更加深入，也可以避免调研报告写得脱离现实或平淡浅薄。

2. 选一个值得推广的题目

没有推广意义的选题，写出来的调研报告就是自说自话，也将无人去理会。要想抓住别人的眼球，写出来的调研报告就要有新意，是别人没有的、便于推广的。因此，选一个具有推广价值的工作亮点作为选题，通过解剖、总结出具有指导性、借鉴性的典型经验，这样写出来的调研

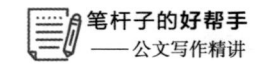

报告才更具有价值。

3. 选一个社会关注的题目

社会普遍关注的热点、难点问题往往关系民生，如果处理不当或引导不及时，就可能会引起群众强烈不满，最终影响到社会的稳定。因此，选题能够反映社会民意，做到下情上达，这样有助于热点、难点问题得到尽快解决，从而密切党群干群关系。

4. 选一个上级关注的题目

把调研工作与上级决策部署紧密联系起来，可以作为上级决策的参考和直接依据。所以，在平时工作中，要多留心学习上级讲话、批示及文件精神，然后站在上级的角度思考和分析问题，从中有预见性地选择调研题目，从而为上级决策出准主意、出好主意。

5. 选一个尚未认识的题目

苗头性、倾向性的问题是刚刚产生的，人们尚不完全了解，具有一定的隐蔽性和危害性。如果任由其滋长蔓延，就有可能带来更加严重的社会问题。因此，选一个尚未认识的题目，揭示其发展规律，有利于增强工作的预判性，把握工作的主动权。

（二）广泛深入调查

摸清情况是撰写调研报告基础性工作，情况不清就会导致接下来的工作出现失误。

1. 相关文献应了解充分

在开展调查前，要查阅相关选题的文献，了解别人是怎么搞的，可以使自己站在巨人的肩膀上，少走一些弯路。如果不研究文献，那么就可能导致自己花了很长时间得出的结论是别人早已创造过的，这样就没有多大价值可言了。

### 2. 实施方案应周密细致

如果没有准备，调研时仓促上阵，那么失败的概率会大大增加，回来后可能会发现该调查的都没有调查。因此，制作周密细致的实施方案有利于调查工作按照指定的目标、方式、进度等要求有序开展，以保证调查活动保质保期地完成。

### 3. 方式方法应科学多样

要想掌握第一手资料，就必须迈开双脚，到群众中去，采用科学多样的方式方法进行调查。常见的调查方式包括抽样调查、普遍调查、蹲点调查、随机调查等。在调查的方法上要做到以下两点：一是听取汇报时，遇到"叫好多"的地方就到群众中求证，遇到"叫苦多"的地方就到实际中观察，遇到"叫难多"的地方就从对比中思考，防止被机关"笔杆子"蒙蔽。二是开展座谈时，可随机抽取人员，可临时变换题目，可打破砂锅问到底，防止被发言"专业户"忽悠。

### 4. 工作态度应严肃认真

没有调查，就没有发言权，更没有决策权，要做好调查，就必须付出大量的辛苦劳动。如果随便应付一下，那么结果必然造成人力物力财力的极大浪费。只有不怕劳苦、不怕麻烦，深入调查、反复论证，才能确保制定的决策接"地气"，不会像"翻烧饼"一样反复折腾。

### 5. 面对群众应满腔热忱

深入基层调查的最终目的是为解决实际问题，如果没有为基层排忧解难的满腔热忱，就难以赢得调查对象的尊重和支持，调查结果也难以切中要害。唯有少一些前呼后拥，多一些轻车简从；少一些干部包场，多一些群众参与；少一些官腔官调，多一些轻言细语，才能更有利于摸准表象之下的事实真相。

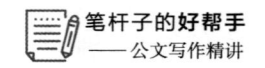

### (三）认真细致研究

调研报告不是简简单单地将材料堆积，将情况汇总，而是通过深入研究找出规律，得出正确的结论，从而写出具有参考价值的调研报告。

1. 对材料进行梳理和筛选

真实是调研报告的生命，因此，要秉着实事求是的原则，抛弃调查所得的内容中隐晦、夸张、不实、偏离的部分，去伪存真，接触事实。同时将调查所得的材料按照一定的内在逻辑关系进行分类整理。

2. 注重分析的方式和方法

在对材料进行分析时，应该坚持联系和发展、对立和统一、比较和反复的观点，防止用孤立和静止的眼光去看待，防止忽略事物在各个发展过程和阶段上的联系，防止以点带面和以偏概全，从而导致难以找出规律性东西。

3. 把握事物的本质和规律

研究任何过程，如果是存在着两个以上矛盾的复杂过程的话，就要用全力找出它的主要矛盾。捉住了这个主要矛盾，一切问题就迎刃而解了。对调查了解的各类材料要运用分类、比较、统计、综合、归纳、演绎、想象等方法，进行由此及彼、由表及里的综合研究，努力抓住主要矛盾，把握事物的本质和规律。

4. 形成自己的观点和思路

观点从材料中提炼，思路从观点中集成。有个自己的思路和观点，调研报告的整个框架也就初现雏形。观点和思路犹如一根线条，将一颗颗散落的犹如珍珠般的材料串连起来，制作成一件漂亮精致的饰品。

5. 不要分裂开调查和研究

调查和研究脱节就会导致研究时缺素材，调查时不深入等问题。因此，调查和研究是不可分裂开的，调查的过程中需要研究，研究的过程中需要调查，两者之间要结合起来，边收集、边整理、边思考，这样才能更加高效地做好调研工作。

**（四）精心写好文章**

调查和研究做得好不好、有没有效，最终还是要靠书面报告来体现。如果书面报告写得条理不清，语无伦次，就会导致调查研究体现不了价值。

1. 标题要准确得体

调研报告的标题形式有三类：

一是公文类标题。标题格式大多由发文主题加文种构成，如《关于城市社区党建工作的调研报告》。

二是文章类标题。标题能表明主题即可，如直述式的标题：《乡镇干部工作动力状况的调查与思考》；结论式标题：《以数字化手段助力疫情防控》；提问式标题：《如何提高城市治理现代化水平》，等等。

三是复合类标题。有正副两个标题，正标题为文章式，副标题为公文式，如《群众想什么，我们就干什么——云梦县以党建引领城市基层治理的实践与启示》。

2. 文章要结构合理

按照调研报告的分类不同，其文章主体部分的结构也有区别，具体如下：

一是总结经验类调研报告主体部分经常使用的结构是：

"导向和动因——做法和成效——启示和意义"。

二是揭露问题类调研报告主体部分经常使用的结构是：

"问题——原因——建议"。

三是新生事物类调研报告主体部分经常使用的结构是：
"性质和特点——困难和问题——预测和建议"。

四是历史情况类调研报告主体部分经常使用的结构是：
"事实的本来面目——被歪曲的情况——纠正和处理的意见"。

五是研究探讨类调研报告主体部分经常使用的结构是：
"是什么——为什么——怎样办"。

六是事实描述类调研报告主体部分经常使用的结构是：
"情况——成果——问题——建议"。

3. 论证要有理有据

调研报告需要将观点和材料有机地统一起来。观点是从材料中推理出来的，观点是结论，材料是前提，是论据。简单地说，就是用观点统帅材料，用材料说明观点，做到观点和材料统一。如果空发议论，没有陈述客观事实，抓取典型事例和数据，就会造成观点和材料两张皮。因此，在写调研报告时要找出最有说服力的事实，站在全局的高度，把精选出的有代表性、针对性的事例、引文、数据等分配到提纲中的各大部分或各个层次，反复推敲、详细论证，从而支撑起调研报告的观点。

4. 信息要注重时效

调研报告所写的内容、所用的数据都是为了反映当前状况、提供决策参考，时过境迁便如明日黄花，失去参考价值，甚至误导决策，因此，必须抓住时机，及时提交调研所获得的成果。

5. 文字要简洁明了

爱因斯坦曾说："如果你不能简单说清楚，就是你还没有完全明白。"而那些精练深透的表达，则常常表明人们认识问题的到位程度。而且语言简洁、精炼，就能使人在较短的时间里获取更多有用的信息。反之，空话连篇，言之无物，必然误人时光。因此，在写调研报告之前，要思考问题的中心，理清思想脉络，删除冗余信息，并加以高度浓缩，把复杂的问题凝聚到一个点上，并能用简单明了的语言讲清楚，做到了然于胸。

## 延伸阅读

### 它是一份值得反复学习的调研报告

一篇调研报告曾走红网络，这既在意料之外，又在情理之中，这就是现任孝感市委书记胡玖明在2014年所写的调研报告《感动 触动 行动——大柳树村蹲点调研的体会与思考》。这篇调研报告是胡玖明同志任湖北省郧县县委书记时所写，其中饱含着浓浓的感情、展现着深入的思考、充满着朴实的语言、闪烁着智慧的光芒，值得每一位"笔杆子"反复学习。

饱含着真挚的感情。胡玖明书记花了整三天时间，在离县城40多公里的大柳乡大柳树村，吃农家饭、住农家屋、拉农家话，并以该村为标本，对全县农村问题进行解剖。在村里调研，他走到哪里，不论家境好坏，都先坐下来；坐，不看凳子脏净，只管一屁股坐下；群众递上一支烟，不论什么牌子连忙起身接过来，主人家如果抽烟，坚持先给主人家亲手点着；群众递上一杯水，不论什么杯子什么水，都双手接过来当面喝一口；不论群众的手有没有泥巴，只要拉着他的手不放，他就不先放。胡玖明书记怀着一颗全心全意为人民服务的初心，涵养"群众利益无小事，一枝一叶总关情"的情怀，感动着村里每一位村民，村民魏发友在胡玖明书记离开时，热泪盈眶。

展现着深入的思考。这篇调研报告主体部分的架构是：一、感动，缘于一种境界。感动之一：树梢树枝树根根，亲山亲水有亲人；感动之二：八十老汉砍黄蒿，一日不死当柴烧；感动之三：不独亲其亲，不独子其子；感动之四：钱少事杂多受气，村里干部不容易。二、触动，缘于一些见证。触动之一：走一走，转一转，矛盾化解一大半；触动之二：一碗饭，一杯茶，群众眼里泪花花；触动之三：解决了关键少数，就团结了绝大多数；触动之四：农村遍地都是金，就看用心不用心。三、行动，缘于一肩使命。行动之一：建一本账；行动之二：发一张卡；行动之三：结一门亲；行动之四：解一些难；行动之五：找一条路。整篇文章没有"八股式"调研报告的痕迹，却思维缜密、逻辑严谨、分析透彻，既有理论高度，又有很强的现实针对性和指导性。

　　充满着朴实的语言。这篇调研报告没有华丽辞藻的堆砌，朴实无华的语言向人们娓娓道来，却是那样的扣人心弦、启人心智。例如，调研报告中引用71岁的老党员刘先学的话，"八十老汉砍黄蒿，一日不死当柴烧。"展现了大柳树村群众乐观、向上，不抱怨、不乞求，幸福生活靠自己双手创造的生活态度。又如，调研报告中引用农村俗话："米面的夫妻"，道出了村干部的辛酸，没有物质基础做保证，村干部的家属也会怨声不断。再如，调研报告中引用农村俗话："豆腐盘成肉价钱""赔本赚吆喝"，说明了路不通，盖房子拉料贵，发展产业东西又不好卖。整篇调研报告使用了一些俗语、谚语和歇后语，来增加说服教育的生动性和形象性；同时也选用了一些直白化、群众化、口语化的语言增进受众理解，"俗"显奇效。

　　闪烁着智慧的光芒。在大柳树村调研，胡玖明书记最大的一个感受就是，当基层干部，不能嘴勤屁股懒，要经常到群众家里去看、去听、去问、去说。走一走，转一转，很多矛盾就成不了矛盾，即使真有问题也能得到很好的化解。胡玖明书记通过整三天时间，问作风方面的差距、问困难群众的诉求、问为民服务的举措、问加快发展的良策，采取了五项行之有效的行动：行动之一，建一本账。凡事要做到胸中有数，不能坐而论道。行动之二，发一张卡。制一张卡，花费二三毛钱，却把干部和群众紧紧联系在了一起。行动之三，结一门亲。结合各家各户实际，帮群众迅速拿出有效管用的脱贫致富办法，并加快实施。行动之四，解一些难。拿出详细的工作方案，整合相关资金，按轻重缓急分年度实施，力争在5年之内将全县路、水问题全部解决。行动之五，找一条路。围绕县定特色主导产业，进一步组织动员群众投身产业建设，使全县现代农业的规模更大、档次更高、链条更长、效益更好。在胡玖明书记的"谋篇布局"下，当地逐渐呈现出农业强、农村美、农民富的喜人图景。

**范文参考**

### ××加快大数据产业发展的政策建议

（略）

一、××大数据产业的基本情况

目前我国大数据产业正处于蓬勃发展的起步阶段，北京、广东、上海、贵州等地立足先发优势，积极创建国家大数据综合试验区，竞争激烈。近年来，××市高度重视实施大数据发展战略，出台促进大数据发展的实施意见，整合政府及社会数据资源，为进一步提升大数据产业和数字经济打下较好基础，但也存在不少问题。

（一）发展现状

经测算，××××年××市大数据及人工智能产业产值约××亿

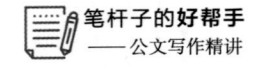

元，（略）

　　一是从大数据企业主体来看。（略）

　　二是从项目落地来看。（略）

　　三是从产业集聚来看。（略）

　　四是从数据共享来看。（略）

（二）主要问题

　　一是数据汇聚、数据共享和数据开放仍不顺畅。（略）

　　二是大数据产业界定不明确。（略）

　　三是大数据产业龙头企业不足。（略）

　　四是大数据产业领军人才及专业人才匮乏。（略）

二、其他城市发展大数据产业的经验启示

北京以加强基础设施统筹、打破数据资源壁垒、发掘数据资源价值为主攻方向，联合天津和河北，共同打造京津冀大数据综合试验区。上海围绕资源、技术、产业、安全四方面推进大数据产业发展，努力构建交易机构、产业基金、创新基地、发展联盟、研究中心五位一体的综合发展体系。杭州互联网产业发达，以"数字经济"为市委一号工程推动各产业跨界融合，争创中国数字经济第一城。深圳科技创新能力突出，着力形成具有核心自主知识产权的大数据产业链。贵阳以打造大数据产业集群为中心努力提高政府治理能力，服务社会民生。我们对其他城市发展大数据产业主要做法进行了总结整理，以资借鉴。

　　（一）强化顶层设计。（略）

　　（二）夯实基础平台。（略）

　　（三）促进产业集群。（略）

　　（四）推动深度融合。（略）

三、政策建议

（略）

（一）着力完善实施大数据战略的统筹抓总机制。（略）

（二）着力提升大数据基础设施建设水平。（略）

（三）着力促进数据资源共享开放流通。（略）

（四）着力构筑大数据产业发展生态圈。（略）

（五）着力集聚大数据产业人才。（略）

## ××公立医院党建工作调研报告

按照全市公立医院党建工作调研方案的部署要求，××调研组于×月×-×日对××市×家公立医疗机构，通过听取汇报、开座谈会、查阅资料、组织问卷调查等形式就加强医院党建工作进行了专题调查研究，现将有关情况报告如下：

一、基本情况

××市共有××家公立医疗机构，共有在职干部职工××人，其中党员××人，设有基层党委×个，支部×个。35岁以下的党员有××名，35至45岁之间的党员有××名，46至55岁之间的党员有××名，56岁及以上的党员有××名。

二、存在问题

（一）重业务轻党建。（略）

（二）重机关轻基层。（略）

（三）重教育轻监管。（略）

（四）重形式轻实效。（略）

（五）重部署轻督办。（略）

三、原因分析

（一）思想站位不高。（略）

（二）学习理解不透。（略）

（三）专职人员不精。（略）

（四）教育监督不严。（略）

（五）考核机制不全。（略）

四、对策建议

（一）提高认识，树牢正确思想观念。一是深刻认识新形势、新任务对公立医院党建工作的新要求。（略）二是深刻认识公立医院党建工作的重要性。（略）三是深刻认识公立医院党建工作的好坏直接关系到当地人民群众的获得感。（略）

（二）强化管理，健全党建工作机制。一是健全公立医院党建工作责任制。（略）二是建立公立医院党建工作绩效考核评价机制。（略）三是落实党员教育管理制度。（略）

（三）立足本职，丰富党建工作内容。一是要赋予基层支部实实在在的职权。（略）二是要改进活动方式，提高党内活动吸引力、创造力。（略）三是要积极探索新形势下，发挥党员先锋模范作用的有效方式。（略）

（四）加强教育，落实党内监督机制。一是加强理论武装。（略）二是强化党员监督管理。（略）三是纠正行业不正之风。（略）

（五）完善制度，提供坚实工作保障。一是党务干部队伍专业化。（略）二是建立党务干部的学习培训制度。（略）三是建立经费保障制度。（略）

## 第五节　如何写好法定公文

法定公文是一面镜子，代表着机关的工作水平。熟悉法定公文，是对"笔杆子"最起码的要求。

### 一、法定公文的界定

法定公文是《党政机关公文处理工作条例》（2012年4月16日由中共中央办公厅和国务院办公厅联合印发，2012年7月1日起施行，以下简称《条例》）中所规定的15种正式文种，即决议、决定、命令（令）、公报、公告、通告、意见、通知、通报、报告、请示、批复、议案、函、纪要。这些公文是党政机关实施领导、履行职能、处理公务的具有特定效力和规范格式的文书，是传达贯彻党和国家的方针政策，公布法规和规章，指导、布置和商洽工作，请示和答复问题，报告、通报和交流情况等的重要工具。

### 二、法定公文的特点

其特点主要有以下几个方面：

**（一）政治性**

法定公文是随阶级、国家、文字的产生而产生的，具有鲜明的政治色彩。法定公文的撰写和运行都要符合党和国家的方针、政策、法律、法令和上级机关的有关规定，同时，要维护人民群众的根本利益。

**（二）权威性**

各级组织和单位的规划计划、规章制度、方针政策等能顺利贯彻执

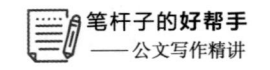

行，离不开法定公文的权威性。法定公文代表着制发机关的法定权威，它是在法定范围内由法定作者行使职权制定和发布的。

**（三）规范性**

为了便于法定公文写作和办理的需要，同时，保证党政机关公文特定效力的发挥，体现公文的权威性和严肃性，《条例》对公文格式、行文规则、公文拟制、公文办理等进行了统一规范，法定公文制发者必须认真遵循这些规范。

**（四）实用性**

法定公文是用来处理公务的文书，所以它的制发，是为解决现实生活中的具体问题。行文的目的明确，主题突出，不东拉西扯，注重效用。

**（五）时效性**

任何一份法定公文都具有一定的时效，它们的办理过程和执行效用均有明显的时间限度，并不是永远有效的。例如，当客观形势发生变化，那么有些文件的时效自然地被终止。当新文件产生，那么旧文件的时效性即行停止。

## 三、法定公文的作用

其作用主要有以下几个方面：

**（一）领导指导作用**

法定公文在传达政令政策、处理公务、统一思想、协调行动等方面，具有重要的作用。公文的内容反映单位工作的意图，具有领导和指导工作的作用。例如，决议、决定、命令（令）等文种都是上级机关指导下级工作的手段，报告、请示等文种是上级机关制定政策法规的重要参考依据。

## （二）宣传教育作用

法定公文是宣传教育党员、干部、群众的好教材。例如，公报、公告、通知等文种，可以用于贯彻党的路线、方针、政策，也可以用于澄清"谣言"、引导舆论、稳定人心。

## （三）知照联系作用

法定公文是保证各单位之间的互相配合、有效衔接和正常运转的联系纽带。例如，不同的单位之间，通过法定公文的来往，可以实现有效的交流信息、知照情况和协调配合。

## （四）依据凭证作用

法定公文记载了公务活动的状态、过程，它往往是办文办事、安排工作、执行公务、解决问题的依据和凭证。例如，上级机关制发的命令（令）是下级组织开展工作的依据和凭证。

## 四、法定公文的写法

15 种法定公文的写作"套路"如下：

### （一）决议

《条例》明确规定，决议适用于会议讨论通过的重大决策事项。

【标题】发文机关——事由——文种；会议名称——事由——文种；事由——文种。

【题注】（××年××月××日××会议通过）。

【主送机关】普发性决议可以没有主送单位。

【正文】缘由、背景、目的、意义——决议事项——号召、希望、要求。

【落款】一般不需要落款。

## 范文参考

### 中共山东省委关于深入学习宣传贯彻党的二十大精神的决议

（二○二二年十一月六日中国共产党山东省第十二届委员会第二次全体会议通过）

为深入学习宣传贯彻党的二十大精神，根据《中共中央关于认真学习宣传贯彻党的二十大精神的决定》部署要求，结合山东实际，作出如下决议。

一、充分认识党的二十大的重大意义

党的二十大是在全党全国各族人民迈上全面建设社会主义现代化国家新征程、向第二个百年奋斗目标进军的关键时刻召开的一次十分重要的大会，事关党和国家事业继往开来，事关中国特色社会主义前途命运，事关中华民族伟大复兴，在党和国家发展进程中具有重大现实意义和深远历史意义。

1. 深刻认识党的二十大报告是党团结带领全国各族人民夺取中国特色社会主义新胜利的政治宣言和行动纲领。（略）

2. 深刻认识党章修正案对推进新时代党的事业和党的建设具有根本规范和指导作用。（略）

3. 深刻认识大会选举产生的以习近平同志为核心的新一届中央领导集体体现了全党全军全国各族人民的共同意志共同心愿。（略）

4. 深刻认识党的二十大精神的丰富内涵。（略）

二、坚定拥护"两个确立"、坚决做到"两个维护"

党确立习近平同志党中央的核心、全党的核心地位，确立习近平新时代中国特色社会主义思想的指导地位，是党在新时代取得的重大政治成果，是推动党和国家事业取得历史性成就、发生历史性变革的决定性因素，是党和国家事业兴旺发达的根本保证，是党应对一切不确定性的最大确定性、最大底气、最大保证。要深刻领悟"两个确立"的决定性意义，牢记"国之大者"，增强"四个意识"、坚定"四个自信"、做到"两个维护"，坚定不移在思想上政治上行动上同以习近平同志为核心的党中央保持高度一致。

5. 忠诚践行"两个维护"。（略）

6. 学懂弄通做实习近平新时代中国特色社会主义思想。（略）

7. 全面落实习近平总书记对山东工作的重要指示要求。（略）

三、持续兴起学习宣传党的二十大精神热潮

全省各级党组织要把学习宣传贯彻党的二十大精神作为当前和今后一个时期首要政治任务，精心组织、周密部署，既要整体把握、全面系统，又要突出重点、抓住关键。要把着力点聚焦到习近平总书记是党中央的核心、全党的核心，习近平新时代中国特色社会主义思想是党必须长期坚持的指导思想上；聚焦到党的十九大以来的重大成就和新时代10年的伟大变革上；聚焦到把握好马克思主义中国化时代化最新成果的世界观和方法论，坚持好、运用好贯穿其中的立场观点方法上；聚焦到中国式现代化在理论和实践的创新突破上；聚焦到贯彻落实党的二十大作出的重大决策部署上；聚焦到以习近平同志为核心的新一届中央领导集体是深受全党全国各族人民拥护和信赖的领导集体上；聚焦到习近平总书记是全党拥护、人民爱戴、当之无愧的党的领袖上，以更加有力的举措将学习宣传贯彻持续引向深入。

8. 切实抓好学习培训。（略）

9. 集中开展宣讲活动。（略）

10. 精心组织新闻宣传。（略）

11. 深化理论研究阐释。（略）

四、扎实推进新时代社会主义现代化强省建设

牢牢把握新时代新征程的使命任务，深刻领会中国式现代化的中国特色、本质要求、战略安排、重大原则，完整准确全面贯彻新发展理念，主动服务和融入新发展格局，锚定"走在前、开新局"，坚持"六个一"发展思路、"六个更加注重"策略方法、"十二个着力"重点任务，进一步优化实施路径、完善政策举措，以建设绿色低碳高质量发展先行区为总抓手，统筹经济社会发展各项工作，不断开创新时代社会主义现代化强省建设新局面。围绕全面建成社会主义现代化强国两步走的战略安排，我省未来发展的目标是：到2035年，基本建成新时代社会主义现代化强省；到本世纪中叶，全面建成新时代社会主义现代化强省。未来5年，在综合发展实力、人民生活品质、社会文明程度、社会治理效能、生态环境质量、管党治党水平等方面实现新跃升，努力创造更多走在前的现代化成果。

12. 塑造经济高质量发展新优势。（略）

13. 大力实施科教强鲁人才兴鲁战略。（略）

14. 发展全过程人民民主。（略）

15. 全面推进依法治省。（略）

16. 全面促进社会主义文化繁荣兴盛。（略）

17. 持续增进民生福祉。（略）

18. 系统推进美丽山东建设。（略）

19. 加快建设改革开放新高地。（略）

20. 加强和创新社会治理。（略）

21. 坚决维护国家安全和社会稳定。（略）

**五、深入推进新时代党的建设新的伟大工程**

深入贯彻落实新时代党的建设总要求和新时代党的组织路线，坚定不移推进全面从严治党，把各级党组织建设得更加坚强有力，为全面开创新时代社会主义现代化强省建设新局面提供坚强保证。

22. 毫不动摇坚持和加强党的全面领导。（略）

23. 切实强化理论武装。（略）

24. 健全完善自我革命制度规范体系。（略）

25. 着力锻造高素质干部队伍。（略）

26. 增强党组织政治功能和组织功能。（略）

27. 坚持以严的基调强化正风肃纪。（略）

28. 坚决打赢反腐败斗争攻坚战持久战。（略）

**六、以强有力的组织领导推动党的二十大精神落地见效**

各级党组织要把学习宣传贯彻党的二十大精神摆上重要议事日程，切实加强组织领导，在全面学习、全面把握、全面落实上下功夫，确保见到实效。

29. 周密组织压实责任。（略）

30. 领导带头以上率下。（略）

31. 把牢导向凝聚力量。（略）

32. 久久为功确保实效。（略）

各地各部门要及时将学习宣传贯彻党的二十大精神的情况报告省委。

**（二）决定**

《条例》明确规定，决定适用于对重要事项作出决策和部署、奖惩有关单位和人员、变更或者撤销下级机关不适当的决定事项。

【标题】发文机关——事由——文种；会议名称——事由——文种；事由——文种。

【题注】（××年××月××日××会议通过）。

【主送机关】普发性决定可以没有主送单位。

【正文】缘由、背景、目的、意义——决定事项——号召、希望、要求。

【落款】标明作出此项决定的机关名称和成文的日期。如果标题和题注已经写明，落款就不需要再写。

**范文参考**

## 中共中央关于认真学习宣传贯彻党的二十大精神的决定

（2022年10月29日）

为深入学习宣传贯彻党的二十大精神，把全党全国各族人民的思想统一到党的二十大精神上来，把力量凝聚到党的二十大确定的各项任务上来，作出如下决定。

一、充分认识学习宣传贯彻党的二十大精神的重大意义

中国共产党第二十次全国代表大会于10月16日至22日在北京举行。这是在全党全国各族人民迈上全面建设社会主义现代化国家新征程、向第二个百年奋斗目标进军的关键时刻召开的一次十分重要的大会，是一次高举旗帜、凝聚力量、团结奋进的大会。大会高举中国特色社会主义伟大旗帜，坚持马克思列宁主义、毛泽东思想、邓小平理论、"三个代表"重要思想、科学发展观，全面贯彻习近平新时代中国特色社会主义思想，分析了国际国内形势，提出了党的二十大主题，回顾总结了过去5年的工作和

新时代10年的伟大变革，阐述了开辟马克思主义中国化时代化新境界、中国式现代化的中国特色和本质要求等重大问题，对全面建设社会主义现代化国家、全面推进中华民族伟大复兴进行了战略谋划，对统筹推进"五位一体"总体布局、协调推进"四个全面"战略布局作出了全面部署。大会批准了习近平同志代表十九届中央委员会所作的《高举中国特色社会主义伟大旗帜，为全面建设社会主义现代化国家而团结奋斗》的报告，批准了十九届中央纪律检查委员会的工作报告，审议通过了《中国共产党章程（修正案）》，选举产生了新一届中央委员会和中央纪律检查委员会。

（略）

二、全面准确学习领会党的二十大精神

学习领会党的二十大精神，必须坚持全面准确，深入理解内涵，精准把握外延。要原原本本、逐字逐句学习党的二十大报告和党章，学习习近平总书记在党的二十届一中全会上的重要讲话精神，着重把握以下几个方面。

1.深刻领会党的二十大的主题。（略）

2.深刻领会过去5年的工作和新时代10年的伟大变革。（略）

3.深刻领会开辟马克思主义中国化时代化新境界。（略）

4.深刻领会新时代新征程中国共产党的使命任务。（略）

5.深刻领会中国式现代化的中国特色和本质要求。（略）

6.深刻领会社会主义经济建设、政治建设、文化建设、社会建设、生态文明建设等方面的重大部署。（略）

7.深刻领会教育科技人才、法治建设、国家安全等方面的重大部署。（略）

8.深刻领会国防和军队建设、港澳台工作、外交工作等方面的重大部署。（略）

9. 深刻领会坚持党的全面领导和全面从严治党的重大部署。（略）

三、认真做好党的二十大精神的学习宣传

（略）

1. 切实抓好学习培训。（略）

2. 集中开展宣讲活动。（略）

3. 精心组织新闻宣传。（略）

4. 深入开展研究阐释。（略）

四、坚持知行合一，贯彻落实好党的二十大作出的重大决策部署

学习宣传贯彻党的二十大精神，要立足我国改革发展、党的建设实际，坚持学思用贯通、知信行统一，把党的二十大精神落实到经济社会发展各方面，体现到做好今年各项工作和安排好今后工作之中。

1. 坚决做到"两个维护"。（略）

2. 切实推动改革发展稳定。（略）

3. 防范化解风险挑战。（略）

4. 坚定不移全面从严治党。（略）

五、切实加强组织领导

学习宣传贯彻党的二十大精神，是当前和今后一个时期全党全国的首要政治任务。各级党委（党组）要把学习宣传贯彻党的二十大精神摆上重要议事日程，切实加强组织领导。

1. 切实负起领导责任。（略）

2. 牢牢把握正确导向。（略）

3. 着力提升实际效果。（略）

各地区各部门要及时将学习宣传贯彻党的二十大精神的情况报告党中央。

## （三）命令（令）

《条例》明确规定，命令（令）适用于公布行政法规和规章、宣布施行重大强制性措施、批准授予和晋升衔级、嘉奖有关单位和人员。

【标题】发文机关或人员职务——事由——文种；发文机关或人员职务——文种；命令（令）的性质——文种。

【主送机关】普发性命令（令）可以没有主送单位。

【正文】缘由、背景、目的、意义——命令（令）的事项——号召执行。

【落款】标明发令机关的名称或发令人的职务和姓名，标明发令的日期。

**范文参考**

**国务院关于晋升和授予×××等××名同志海关关衔的命令**

××〔××××〕××号

××总署：

根据《中华人民共和国海关关衔条例》的规定，国务院决定：

一、以下××名同志由二级关务监督关衔晋升为一级关务监督关衔：

×××　××××××××××

二、授予以下××名同志二级关务监督关衔：

×××　××××××××××

三、以下××名同志由三级关务监督关衔晋升为二级关务监督关衔：

×××　××××××××××

（略）

国务院总理　×××

××××年××月××日

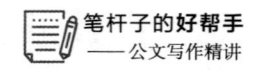

## （四）公报

《条例》明确规定，公报适用于公布重要决定或者重大事项。

【标题】会议名称——文种；文种；发表公报的双方或多方国家和地区的简称——事由——文种。

【题注】（××年××月××日，××会议）会议性公报则常有。

【主送机关】普发性公报可以没有主送单位。

【正文】基本情况——公报事项。

【落款】标明双方签署机构的名称或签署人的职位，标明签署的时间和地点。会议性公报一般不需要落款。

**范文参考**

**中国共产党第二十届中央纪律检查委员会第二次全体会议公报**

（2023年1月10日中国共产党第二十届中央纪律检查委员会
第二次全体会议通过）

中国共产党第二十届中央纪律检查委员会第二次全体会议，于2023年1月9日至10日在北京举行。出席这次全会的有中央纪委委员127人，列席207人。

中共中央总书记、国家主席、中央军委主席习近平出席全会并发表重要讲话。李强、赵乐际、王沪宁、蔡奇、丁薛祥、李希等党和国家领导人出席会议。

全会由中央纪律检查委员会常务委员会主持。全会全面贯彻习近平新时代中国特色社会主义思想，深入贯彻落实党的二十大精神，研究部署2023年纪检监察工作，审议通过了李希同志代表中央纪委常委会所作的《深入学习贯彻党的二十大精神，在新征程上坚定不移推进全面从严治党》工作报告。

全会认真学习、深刻领会习近平总书记重要讲话。（略）

全会指出，（略）

全会强调，（略）

第一，围绕落实党的二十大战略部署强化政治监督。（略）

第二，推动完善党的自我革命制度规范体系。（略）

第三，有力发挥政治巡视利剑作用。（略）

第四，持续深化落实中央八项规定精神、纠治"四风"。（略）

第五，全面加强党的纪律建设。（略）

第六，坚决打赢反腐败斗争攻坚战持久战。（略）

第七，深入推进纪检监察体制改革。（略）

第八，锻造堪当新时代新征程重任的高素质纪检监察干部队伍。（略）

全会号召，要更加紧密地团结在以习近平同志为核心的党中央周围，沿着党的二十大指引的方向，弘扬伟大建党精神，自信自强、守正创新，踔厉奋发、勇毅前行，以一往无前的奋斗姿态、永不懈怠的精神状态履职尽责，不断取得全面从严治党、党风廉政建设和反腐败斗争新成效，为全面建设社会主义现代化国家、全面推进中华民族伟大复兴而团结奋斗！

## （五）公告

《条例》明确规定，公告适用于向国内外宣布重要事项或者法定事项。

【标题】发文机关——事由——文种；发文机关——文种；事由——文种；文种。

【主送机关】普发性公告可以没有主送单位。

【正文】缘由、背景、目的、意义——公告事项——公告的结束语。

【落款】标明发文机关的名称或发布人的职务和姓名，标明发布的时间。如果标题和题注已经写明，落款就不需要再写。重要公告则加发布地点。

**范文参考**

### 中华人民共和国全国人民代表大会公告

第一号

第十四届全国人民代表大会第一次会议于2023年3月10日选举习近平为中华人民共和国主席。

现予公告。

中华人民共和国第十四届全国人民代表大会第一次会议主席团

2023年3月10日于北京

### （六）通告

《条例》明确规定，通告适用于在一定范围内公布应当遵守或者周知的事项。

【标题】发文机关——事由——文种；事由——文种；发文机关——文种；文种。

【主送机关】普发性通告可以没有主送单位。

【正文】缘由、背景、目的、意义——通告事项——通告的结束语。

【落款】标明发文机关的名称和成文的日期。

范文参考

# ×××市人民政府
## 关于创建全国文明城市加强城市精细化管理的
## 通 告

为推进全国文明城市创建深入开展，突出精细化管理，打造整洁、有序、文明、宜居的城市环境，根据《×××省城市综合管理条例》《×××市城市市容和环境卫生管理条例》及有关法律法规的规定，结合我市实际，现将有关事项通告如下：

一、严格落实"门前三包"责任制。各单位和沿街经营门店必须保持门前卫生责任区域卫生清洁、绿化完好、市容整洁。严禁占道经营、乱设摊点、流动叫卖；严禁向道路、下水道直接排放油烟、污水。

二、严格遵守交通规则。禁止车辆乱停乱放、随意上下客、随意掉头和变更车道、向车外抛物；禁止摩托车和非机动车闯红灯；禁止行人随意穿行机动车道、不按信号灯通行。倡导市民文明出行、绿色出行、环保出行。

三、严控扬尘噪声污染。严禁不按指定路线和场地运输、倾倒渣土，严禁未密闭运输、带泥上路、污染城市道路；严禁建筑工地夜间施工使用强噪声机械设备；严禁在公共场所使用高分贝音响设备干扰他人正常生活。

四、维护良好市容环境。城区所有建（构）筑物应保持完好、整洁，临街不得吊挂杂物和晾晒衣物等有碍市容的物品；严禁违法设置广告和乱涂乱写张贴小广告；严禁私搭乱建和违法改建；严禁擅自占用或挖掘城市道路；严禁践踏、损毁、占用公共绿地，严禁损毁、破坏公共厕所等市政公用设施；严禁在城市禁燃区域和禁燃时间燃放烟花爆竹；不得在公园、广场、商场等公共区域放养宠物。

五、加强河道保护管理。严禁向河道倾倒堆放垃圾，抛弃废弃物、动物尸体等污染物；严禁在河道内放置地笼捕鱼；严禁在河道滩地、堤防和河岸开荒种菜。

六、全面改善小区环境。严禁在小区内饲养家禽、毁绿种菜、乱堆乱放、乱圈乱占、乱摆乱设、乱张乱贴、乱搭乱建、乱停乱放等。小区居民尤其是党员干部应当带头维护物业管理秩序，带头模范履行业主义务，带头坚决抵制身边的不文明行为，努力营造干净整洁、文明有序、和谐共享的小区环境。

本通告自发布之日起施行。对违反本通告规定的行为，由相关部门依法查处，并通过新闻媒体向社会曝光（举报投诉电话××××-××××××××）。

特此通告。

×××市人民政府

2018年6月15日

## （七）意见

《条例》明确规定，意见适用于对重要问题提出见解和处理办法。

【标题】发文机关——事由——文种；事由——文种。

【主送机关】根据受文单位的具体情况而定。如果批转性意见已将主送机关标注在批转通知中，则不再标注。

【正文】缘由、背景、目的、意义——具体事项——号召、希望、要求。

【落款】标明发文机构的名称和成文的日期。转发性意见,通常将发文机关名称置于标题之下,不在文后落款。

## 范文参考

### 中共中央　国务院关于新时代推动中部地区高质量发展的意见

（2021年4月23日）

促进中部地区崛起战略实施以来,特别是党的十八大以来,在以习近平同志为核心的党中央坚强领导下,中部地区经济社会发展取得重大成就,粮食生产基地、能源原材料基地、现代装备制造及高技术产业基地和综合交通运输枢纽地位更加巩固,经济总量占全国的比重进一步提高,科教实力显著增强,基础设施明显改善,社会事业全面发展,在国家经济社会发展中发挥了重要支撑作用。同时,中部地区发展不平衡不充分问题依然突出,内陆开放水平有待提高,制造业创新能力有待增强,生态绿色发展格局有待巩固,公共服务保障特别是应对公共卫生等重大突发事件能力有待提升。受新冠肺炎疫情等影响,中部地区特别是湖北省经济高质量发展和民生改善需要作出更大努力。顺应新时代新要求,为推动中部地区高质量发展,现提出如下意见。

一、总体要求

（一）指导思想。（略）

（二）主要目标。到2025年,中部地区质量变革、效率变革、动力变革取得突破性进展,投入产出效益大幅提高,综合实力、内生动力和竞争力进一步增强。创新能力建设取得明显成效,科创产业融合发展体系基本建立,全社会研发经费投入占地区生产总值比重达到全国平均水平。常住人口城镇化率年均提高1个百分点以上,分工合理、优势互补、各具特色的协调发展格局基本形成，城乡区域发展协调性进一步增强。绿色发展深入推进，单位地区生产总值能耗降幅达到全国平均水平，单位地区生产总值二氧化碳排放进一步降低，资源节约型、环境友好型发展方式普遍建立。开放水平再上新台阶，内陆开放型经济新体制基本形成。共享发展达到新水平，居民人均可支配收入与经济增长基本同步，统筹应对公共卫生等重大突发事件能力显著提高，人民群众获得感、幸福感、安全感明显增强。

到2035年，中部地区现代化经济体系基本建成，产业整体迈向中高端，城乡区域协调发展达到较高水平，绿色低碳生产生活方式基本形成，开放型经济体制机制更加完善，人民生活更加幸福安康，基本实现社会主义现代化，共同富裕取得更为明显的实质性进展。

二、坚持创新发展，构建以先进制造业为支撑的现代产业体系

（三）做大做强先进制造业。（略）

（四）积极承接制造业转移。（略）

（五）提高关键领域自主创新能力。（略）

（六）推动先进制造业和现代服务业深度融合。（略）

三、坚持协调发展，增强城乡区域发展协同性

（七）主动融入区域重大战略。（略）

（八）促进城乡融合发展。（略）

（九）推进城市品质提升。（略）

（十）加快农业农村现代化。（略）

（十一）推动省际协作和交界地区协同发展。（略）

四、坚持绿色发展，打造人与自然和谐共生的美丽中部

（十二）共同构筑生态安全屏障。（略）

（十三）加强生态环境共保联治。（略）

（十四）加快形成绿色生产生活方式。（略）

五、坚持开放发展，形成内陆高水平开放新体制

（十五）加快内陆开放通道建设。（略）

（十六）打造内陆高水平开放平台。（略）

（十七）持续优化市场化法治化国际化营商环境。（略）

六、坚持共享发展，提升公共服务保障水平

（十八）提高基本公共服务保障能力。（略）

（十九）增加高品质公共服务供给。（略）

（二十）加强和创新社会治理。（略）

（二十一）实现巩固拓展脱贫攻坚成果同乡村振兴有效衔接。（略）

七、完善促进中部地区高质量发展政策措施

（二十二）建立健全支持政策体系。（略）

（二十三）加大财税金融支持力度。（略）

八、认真抓好组织实施

（二十四）加强组织领导。（略）

（二十五）强化协调指导。（略）

## （八）通知

《条例》明确规定，通知适用于发布、传达要求下级机关执行和有关单位周知或者执行的事项，批转、转发公文。

【标题】发文机关——事由——文种；事由——文种；文种；批转或

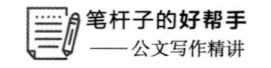

转发机关——文件内容；发文机关——《发布的规章名称》。

【主送机关】根据受文单位的具体情况而定。

【正文】缘由、背景、目的、意义——通知事项——要求。

【落款】标明发文机关的名称和成文的日期。

## 范文参考

### 关于召开全市农业工作会议的通知

各县市区农委，委属各单位、各科室：

经研究决定，召开全市农业工作会议。现将有关事宜通知如下：

一、会议时间

××××年××月××日（周×）上午8：00报到，会期半天。

二、会议地点

市农业局一楼大会议厅

三、参加人员

1. 各县市区农委主任、农经站长、农技中心主任；

2. 市农委机关全体人员、委属各单位主要负责人。

四、会议内容

贯彻落实全省农村、农业工作会议和全市农村工作会议精神，总结××××年农业工作，安排部署××××年工作。

五、会议要求

1. 各县市区农经站长、农技中心主任由所在县市区农委负责通知；

2. 请各县市区农委就××××年农业工作开展情况及××××年工作安排作交流发言，发言时间控制在8分钟以内。

××市农业委员会

××××年××月××日

## （九）通报

《条例》明确规定，通报适用于表彰先进、批评错误、传达重要精神和告知重要情况。

【标题】发文机关——被表彰或被批评的对象——文种；被表彰或被批评的对象——文种；发文机关——文种；文种。

【主送机关】普发性通报可以没有主送单位。

【正文】缘由、背景、目的、意义——具体事项——号召、希望、要求。

【落款】标明发文机关的名称和成文的日期。如果标题已经写明，落款就不需要再写。

### 范文参考

**关于表彰全省政务公开先进单位与先进个人的通报**

各省辖市人民政府、××示范区管委会、各省直管县（市）人民政府，省人民政府各部门：

近年来，全省各地、各部门紧紧围绕省委、省政府中心工作，大力推进"五公开"，不断拓宽公开渠道，创新公开方式和内容，为促进依法行政、建设服务型政府、优化经济社会发展软环境做了大量卓有成效的工作，涌现出一大批先进典型。为表彰先进、推进工作，省政府办公厅决定对××市政府办公厅等××家先进单位和×××等×××名先进个人予以通报表彰。

希望受表彰的单位和个人珍惜荣誉，戒骄戒躁，再接再厉，再创佳绩。全省各地、各部门要以受表彰的单位和个人为榜样，坚持以习近平新时代中国特色社会主义思想为指导，深入贯彻党的××会议精神，认真落实党中央、国务院和省委、省政府决策部署，扎实推进全省政务公开工作，着力提升政务公开质量和实效，以公开稳预期、强监督、促落实、优服务，切实增强人民群众满意度、获得感，为促进经济持续健康发展和社会大局稳定发挥积极作用，为新时代中原更加出彩作出更大贡献。

　　附件：1. 全省政务公开先进单位名单
　　　　　2. 全省政务公开先进个人名单

××省人民政府办公厅<br>××××年××月××日

## （十）报告

《条例》明确规定，报告适用于向上级机关汇报工作、反映情况，回复上级机关的询问。

【标题】发文机关——事由——文种；事由——文种。

【主送机关】根据受文单位的具体情况而定。一般只送一个上级机关。受到双重领导的机关，则主送一个，抄送一个。

【正文】缘由、背景、目的、意义——报告事项——结论、希望。

【落款】标明发文机关的名称和成文的日期。

**范文参考**

## 关于棚户区改造工作情况的报告

×××：

受市人民政府委托，我代表市人民政府向市人大常委会作我市棚户区改造工作情况的报告，请予审议。

一、基本情况和主要成效

近年来，在市委、市政府的正确领导下，我市把棚户区改造作为重大的民生工程、发展工程、提升工程来抓，抢抓机遇，扎实苦干，全力推进棚户区改造工作，取得了较好的成绩。

（略）

二、采取的主要做法

为稳步推进棚户区改造工作，我们采取的主要做法是：

（一）领导重视，高位推动。（略）

（二）科学奖补，让利群众。（略）

（三）动员基层，党员争先。（略）

（四）阳光征收，公正为民。（略）

（五）多元筹资，破解难题。（略）

虽然我市棚改工作如火如荼已全面展开，但也存在一些问题。（略）

三、下一步工作打算

为落实好新三年的棚改工作，下一步的工作重点是：

（一）落实棚改规划，掀起改造热潮。（略）

（二）加大督查力度，确保完成任务。（略）

（三）突出问题导向，建立工作机制。（略）

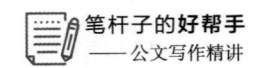

（四）抓好房屋建设，早竣工早交付。（略）

（五）加大宣传力度，形成浓厚氛围。（略）

×××

××××年××月××日

## （十一）请示

《条例》明确规定，请示适用于向上级机关请求指示、批准。

【标题】发文机关——事由——文种；事由——文种。

【主送机关】每件请示只能写一个负责受理和答复该文件的机关。

【正文】为什么请示——请示什么问题——请示的结束语。

【落款】标明请示机关的名称和请示的日期。

**范文参考**

### 关于××等同志任职的请示

××市委组织部：

因工作需要，经过测评、考察、公示，局党委研究，现将×××等两名同志拟任职务请示如下：

×××同志任××××办公室党支部副书记；

×××同志任××××办公室副主任。

特此请示，盼批复！

中共××××委员会

××××年××月××日

## （十二）批复

《条例》明确规定，批复适用于答复下级机关请示事项。

【标题】批复机关——表态词——请示内容——文种；批复机关事由——请示内容——文种。

【主送机关】每件批复只有一个报送请示的下级机关。

【正文】下级机关请示问题——明确答复——批复的结束语。

【落款】标明批复机关的名称和批复的日期。

**范文参考**

关于同意××等任职的批复

中共××××委员会：

你单位《关于××等同志任职的请示》收悉。经研究同意：

×××同志任××××办公室党支部副书记；

×××同志任××××办公室副主任。

特此批复。

××市委组织部
××××年××月××日

## （十三）议案

《条例》明确规定，议案适用于各级人民政府按照法律程序向同级人民代表大会或者人民代表大会常务委员会提请审议事项。

【标题】发文机关——事由——文种；事由——文种。

【主送机关】只能是同级人民代表大会及其常务委员会，不能有其他并列机关。

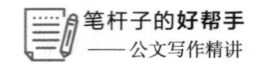

【正文】缘由、背景、目的、意义——审议事项。

【落款】标明签署议案的政府首长职务和姓名，标注签署的日期。

**范文参考**

**××市人民政府关于提请审议**
**《××市优化营商环境条例（草案）》的议案**

市人大常委会：

为了建设市场化、法治化、国际化营商环境，维护市场主体合法权益，激发市场活力和社会创造力，推动经济高质量发展，根据《优化营商环境条例》等有关法律法规，结合本市实际，市人民政府组织有关部门起草了《××市优化营商环境条例（草案）》。该草案已于××××年××月××日经市人民政府第××次常务会议讨论原则通过，现提请审议。

市长×××

××××年××月××日

附件：关于《××市优化营商环境条例（草案）》的说明。（略）

### （十四）函

《条例》明确规定，函适用于不相隶属机关之间商洽工作、询问和答复问题、请求批准和答复审批事项。

【标题】发文机关——事由——文种；事由——文种。

【主送机关】受文并办理来函事项的机关单位。

【正文】缘由、背景、目的、意义——致函事项——致函的结束语。

【落款】标明发文机关的名称和成文的日期。

### 范文参考

**关于商请协助开展岸线保护和开发利用调查的函**

各有关单位：

　　为全面了解我省海岸带生态环境状况，我厅委托××研究所组织开展××省重点海域生态环境调查与评估工作。该项调查包括我省大陆和有居民海岛岸线保护和开发利用状况调查，需对港口码头区、海水养殖区、城镇建设区等人工岸线和自然岸线使用无人机拍摄。恳请你单位予以支持，协助××研究所开展相关调查工作。

　　联系人：×××。联系电话：××××××××××

××办公室
××××年××月××日

## （十五）纪要

《条例》明确规定，纪要适用于记载会议主要情况和议定事项。

【标题】会议名称——纪要，会议主要内容——纪要。

【主送机关】一般没有主送机关。

【正文】会议概况——会议主要内容——评价、希望、号召。

【落款】一般会议纪要不署名，只写成文的日期。署名只用于办公室会议纪要，署上召开会议的领导机关的全称，并标明成文的日期。

## 全省建筑安全生产联络员会议纪要

为认真贯彻全国、全省安全生产工作会议精神，××××年××月××日，我厅在××市召开全省建筑安全生产联络员及××××年度建筑安全文明施工样板工地表彰会议。会议由省建设工程质量安全监督总站站长×××主持，厅党组成员、总工程师×××出席并作讲话，××区人民政府有关负责人，厅建筑业管理处、省建设工程质量安全监督总站相关人员，各市（州）住房城乡建设局、××新区规划建设管理局、××市住建局、××有限公司分管安全负责同志和建筑安全生产联络员以及相关施工、建设、建立单位和安监站相关人员约××人参加会议。纪要如下。

会议通报了××××年工程质量治理两年行动、安全生产责任书考核工作及全省建筑施工安全生产工作的情况；宣读了《关于表彰××省××××年度建筑施工安全文明施工样板工地的通报》和《关于表彰建设工程质量监督机构与检测行业先进单位和先进个人的通知》及全省100强建筑业骨干企业名单；表彰了××省外事业务用房工程等××个获得"××××年度××省建筑安全文明施工样板工地"称号的项目的参建单位和个人，以及××××年度获得全省建筑施工安全生产工作"优秀"等次的××市、××州等××家住房城乡建设局和××有限公司等×家企业；签订了《××××年度××省建筑施工安全生产工作目标和任务责任书》《××××年度××省质量工作目标责任书》。

会议对××××年建筑施工安全生产工作提了要求：一是住房城乡

建设行业主管部门和施工企业要着力抓好贯彻落实中央领导同志重要批示和全国、全省安全生产工作会精神，要把安全放在重要位置，进一步强化红线意识，始终坚守安全底线。二是要严格落实安全生产责任制，进一步强化主管部门安全监管责任和企业安全生产主体责任，不断地深化改革创新工作方式方法，积极组织开展联合大检查，加大隐患排查治理力度，集中检查、排查消除安全隐患。三是要加强对起重机械操作、基坑开挖、外脚手架、预留洞口等重要环节的监管，制定切实可行的有效措施，并落实到位、责任到人。四是要加大信息化建设的工作力度，继续加强安全标准化建设，不断地认真学习规范要求和管理经验，进一步提高自身的安全管理标准化水平。

参会人员：（略）

××省住房和城乡建设厅
××××年××月××日

# 第七章
# 从内容上概括到位

德国哲学家汉斯·赖欣巴哈说:"发现的艺术就是正确概括的艺术。"毛泽东反对把文章写得像老婆娘的裹脚布又臭又长。古往今来,好文章都很短。钱镠写给妻子的一封书信只有九个字,"陌上花开,可缓缓归矣。"很简洁,也很婉美。语言准确简练,是一篇好文章的基本要求。不准确、不简练,说明没有把事物的本质和表达的方式找准。在行文中,必须紧紧把握和运用好高度概括的手法,说到位、说核心、说本质,做到简练清晰到位。

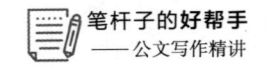

## 第一节　概括的定义

"概括"一词在《现代汉语词典》中有两个义项,一是指"把事物的共同特点归结在一起",二是指"简明扼要"。

公文写作中的"概括",是指运用简单、精练的语言对丰富的材料内容进行比较、分析、归纳、总结,在复杂万端的矛盾中理出头绪,从而使公文体简洁、明快、清晰、透彻、深刻,可以一语道破天机。它是公文写作中不可缺少的一种基本叙述手法。

## 第二节　概括的作用

概括是公文写作的基本属性,它在综合材料中具有独特的功能和作用,对公文写作具有重要意义。

### 一、简洁明了

概括可以使文字简洁明了。英国著名戏剧家莎士比亚曾说:"简洁是智慧的灵魂。"老子《道德经》曰"大道至简",古人多主张"文贵简""文约而事丰",俗话说:"真传一句话,假传万卷书。"高人总能一语道破天机,高手总能一招击中要害。言简意赅、文约意丰、简明扼要的语言不仅通俗易懂、内涵深刻,而且客观准确、易于理解。

比如,"一带一路""四个伟大""四个自信"等概括性语言,能清晰地勾勒出事物的轮廓,不在细枝末节上纠缠,有利于我们在较短的时间内把握事物的本质。

## 二、提升理性

概括可以使认识更加理性。在起草公文材料时，积累的素材不可能在材料中一一列举，我们需要从琐碎的、不系统的素材中，"去粗取精、去伪存真、由此及彼、由表及里"的反复比较和周密的分析，从而抽象出带有共性、普遍性的东西。

比如，"中华民族迎来了从站起来、富起来到强起来的伟大飞跃""中国特色社会主义进入了新时代""构建人类命运共同体"等概括性语言，可以使感性认识变得更加理性化。

## 三、理清思路

概括可以使思路更加清晰。公文对内容的概括，是在一定的逻辑思考下进行的，都有一定的条理和顺序。通过有秩序的语言表现出来，就确保了主次有别、轮廓分明、言之有序的文章脉络。

比如，"十四个坚持""五大发展理念"等概括性语言，不仅使文章思路清晰、条理化强，而且使工作要求易于操作。

## 四、增添美感

概括可以使文章增添美感。概括性的语言具有简洁化、形象化，对仗化、准确化等特征，它不需要太多优美的辞藻，却能给人一种朴实无华的美。

比如，"站起来能说、坐下来能写、走出去能干""眼里有事、手里有法、脚下有劲"等概括性语言，使文章富含哲理，耐人寻味；富于变化，错落有致；富有节奏，朗朗上口。

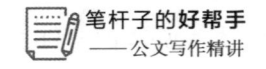

## 第三节　概括的方式

乐于概括、善于概括、勤于概括，需要我们从不同的维度来认识公文写作中概括的方式。

### 一、数字式概括

数字式概括是通过若干数字与词汇搭配，表达特定的概念或内涵。它是写公文材料中常用的一种提炼技巧。特别是写经验材料、总结报告等，用好数词缩语，就能使材料更集中、更突出、更有亮色。这里不得不提起我军"六大战术原则"的创始人林彪。战争年代，没有正规军事院校，我军的干部战士文化水平都很低。培训干部打仗，讲多了，讲深了，就听不懂，记不住。

针对这种情况，林彪就自己总结，独创了一整套提法。比如，"一点两面""三猛""三三制""三种情况三种打法""四快一慢""四组一队"，通俗、易懂又好记，后来被概括为"六大战术原则"，干货满满，绝对硬核，堪称用数词缩语进行提炼的典范。

### 二、字词式概括

字词式概括是抓住关键的字词，突出文章的主题，用发散的方式带出一篇材料，也是一个重要的提炼方法。

这里有用相同的字进行关联的，比如，"虚心学习，专心工作，真心待人，公心处事"，是用一个"心"字做关联进行概括；也有用相同的词进行关联的，比如，"请进来提意见、走出去听意见、回头看找意见、坐下来诊意见",就是用"意见"这个词做关联进行概括,等等。

### 三、谐音式概括

谐音式概括是通过读音的相近或相同的一个字,把不同的内容串联在一起,使表达更富有生活气息、幽默感和趣味性,它是人们比较喜欢的一种语言表达方式。

比如,"有为有位、敢为有威、善为有味""背弃官念、转变观念、形成信念""不看文凭看水平、不看资历看业绩",等等。

### 四、同类式概括

同类式概括是通过具有并列关系的词语,把同类的事物概括出来,从而大大强化了语势。

比如,"看着群众作决策、听着民生定举措、嗅着民味接地气、说着方言掏心窝""用比例尺量成绩、在坐标系找定位、拿放大镜看风险""深入乡村望民情、倾听建议闻呼声、放下身段问计策、把准脉搏切症结""真排查、硬落实、实为民、严问责",等等。

### 五、对比式概括

对比式概括是把两个相反、相对的事物或同一事物相反、相对的两个方面放在一起,通过对立的两个方面相互照应、相互衬托,说明一个特定和具体的内容。这种概括方式给人们以深刻的印象和启示。

比如,"上热下冷""上紧下松""外强内弱""避重就轻""避难就易""避实就虚",等等。

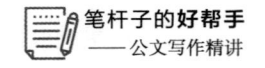

### 六、形象式概括

形象式概括是用富有具体可感性的语言来描绘现象或形态，通常运用比拟、拟人、形容等手法，将事物或形态形象化地表达出来。语言一旦有了形象感，便有了画面感；有了画面感，便有了吸引力。

比如，"常打思想免疫针、筑牢制度防火墙、强化监督紧箍咒、用好法典杀手锏""端起碗来吃肉，放下筷子骂娘""为干部补足钙、给权力戴上套、让纪律带上电"，等等。

## 第四节　概括的要求

文字概括，不是一件简单的事情，必须要做到真实准确、具体生动和详略得当。

### 一、真实准确

真实准确就是做到概括性的语言要完全符合实际。一是不能歪曲事实，导致事实走了样；二是不能抽象过高，导致事实被刻意拔高；三是不能以偏概全，导致将局部当整体而失真；四是不能牵强附会，导致表达寓意歪曲，等等。因此，在概括时要对材料本身做多层次、多方位、多角度、多侧面的思考和权衡，从而找到对材料来说最为恰当、中肯的理性概括。

### 二、具体生动

概括性语言要具体生动，从根本上讲，取决于我们对客观事物的本质特点的认识是否深刻,对生活的实际是否熟悉。越是熟悉的事物,熟悉的生活现象,概括起来的语言也就越具体生动。因此,在概括时,首要任务是把握客观事物的本质特点。其次是要有丰富的词汇,注意句式的选用和变化,以及各种修辞手法的恰当运用,从而引起受众的想象联想,产生真切的形象感受。

### 三、详略得当

一篇文章,如果平均使用笔墨,没有详略之分,没有粗细之别,那么写出来的文章就像记流水账,啰啰嗦嗦,不能很好地表达主题,给人的感觉也是缺乏美感。在概括中,要做到详略得当,就是要紧扣中心内容,集中笔墨,勾勒出特点,浓缩出精华,揭示出规律,把主题思想含蓄而又深刻地表达出来。

## 第五节　概括的运用

写公文材料的过程,就是思考的过程,就是概括的过程,概括性语言在公文写作中运用广泛。

### 一、在概括全局上,突出重点

写材料必须总结全面,但绝不能贪多求全,而要针对性强,分清主次,把笔墨放在主要的内容上。要站在全局的高度,对成绩、问题、经验、任务有一个总体的看法。成绩要说够,要有足够的分量;问题要点透,对存在的薄弱环节要有充分的认识,把要害和倾向性的问题指出来;经验要找准,要使用那些最管用的、指导性最强的经验;任务要讲明,

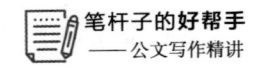

要把干什么、怎么干讲得明明白白、清清楚楚。

## 二、在概括结构上，抓住关键

对一项工作而言，真正重要的环节，只有几个。例如，前面所说写文章谋篇布局需要五步：认真审题、选定结构、拓展思路、罗列提纲、填充素材。要略去无关紧要的环节，把开展工作的要害环节找出来，画出"路线图""施工图"。不能不分轻重、混搭大小，看似罗列一大堆，却很多没有用，就像螃蟹吃豆腐一样，抓得挺乱，吃的不多。

## 三、在概括素材上，把握特征

对于事例的描述，要从多侧面截取出最有价值的关节点，或"一鳞半爪"进行概括，造成"一峰突显"，吸引受众跟踪觅寻"神龙"的全貌。在语言上要归纳、提炼，避免冗长的议论和论述，有特色的见解要适当展开，一般认识要尽可能简明扼要。对于人物的刻画，要抓住最为典型、最有个性、与众不同的特征，由此勾勒出生动简洁、不蔓不枝的画像。

**范文参考**

### 讲党课接地气让党史教育"燃"起来

（湖南日报·新湖南客户端 2021 年 5 月 21 日 文/李佩瑶）

近日，湖北网红干部聂鑫又出新党课：《在学党史中传承红色基因》，他是湖北云梦县党员教育中心主任，曾撰写了《做最优秀的自己》《不忘初心才能永远年轻》《幸福都是奋斗出来的》《大就要有大的样子》《基层党组织如何凝心聚力》《为世界谋大同的中国情怀》等 13 篇党课讲稿，其中有5篇党课讲稿在互联网上广为流传,被赞为"最燃党课"。《湖北日报》一篇题为《党课需要"燃"起来》的评论文章指出:论理论功底,聂鑫不属于最深厚的那一类,但他所讲的党课,确实很接地气,深受年轻人喜爱。

他让党课变成了"一次旅行"。要想给听众一碗水,授课者自己必须要有一桶水。聂鑫的党课里面有古往今来、国际国内的故事,还有自身经历,故事之间的穿插是思维缜密、逻辑严谨,整个行文如流水一般,让人感觉就像一次轻松愉悦的完美旅行,去品味着原本枯燥无味的党课中的"风土人情"。细细品味他的党课就像感受一次旅行,一环扣一环的精彩故事精心设计,其真理讲得精彩、其哲理讲得生动。

他让党课变成了"一曲音乐"。讲党课既是思想的交流、观点的交锋,更是心灵的交汇、情感的交融。聂鑫在讲党课过程中能真正把自己"摆"进去,把对信念的坚定、对事业的忠诚、对梦想的执着灌注其中,将磅礴充沛的情感转化为充满温度的思想,以自己的初心激荡起听者的初心,进而迸发继续前进的强大精神力量。细细品味他的党课就像感受一曲音乐,演绎者走心过脑,受众专注深思;演绎者入情入理,受众入脑入心。

他让党课变成了"一杯香茶"。好文如香茶,愈陈愈香。自聂鑫受邀去光明日报社开展专题讲座以来,哈尔滨工程大学、新疆卷烟厂、湖南长沙市岳麓区工务局、成都市金堂县税务局、云南省龙陵县公安局等集中学习聂鑫的党课讲稿,河南省汝阳县委组织部开展"做最优秀的自己"学习大讨论活动。《兵团日报》一篇题为《上党课要"走心"》的评论文章指出:这种既有理论厚重感又有实践针对性,经得起反复推敲和时间检验的党课,就像一杯香茶,唇齿留香,回味无穷。

# 第八章
# 从标题上提炼到位

俗话说："花香蝶自来，题好文一半。"标题如果拟得好，会极大地吸引眼球，能激发起读者的阅读欲望。有些人会说："中央的公文材料只注重标题的准确恰当，很少使用对仗、比喻等方式来打造标题。"殊不知，中央的公文材料无论吸不吸引人，下级都要认真学习贯彻，如果我们的公文材料不够新颖，怎么能在别人心中留下深刻的印象呢？好的标题一方面可以细化主题、派生内容，升华主题、凝聚思想，使主题贯通全篇；另一方面也为结构服务，好的标题可以统摄内容、区分层次、衔接上下，使文章结构严密完整。

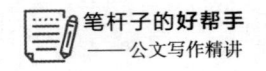

## 第一节　小标题的好在哪里

对好标题的理解见仁见智，所谓"一千个人眼中有一千个哈姆雷特"，但好的标题都有相通之处，主要有以下几点：

### 一、准确恰当

写材料要注意大标题要管住小标题，小标题要管住内容。所谓"管住"，就是统领，也是概括。大标题应当是主题思想的凝练表达，小标题应当是麾下内容的准确概括，逻辑要严密。标题与内容之间、标题与标题之间，理当形成一种密不可分、合情合理的关系。文不对题，或者题文不符，就说明不合逻辑。不要将几个性质不同、不能相提并论的问题，硬行扯在一起，搞成"小杂烩"。分级标题之间既不是并列关系，也不是递进关系，就有可能乱了"辈分"，就说明逻辑上有问题，就得伤筋动骨地进行调整。标题一旦失准，就如同射箭脱靶，动作再漂亮也没有意义。

### 二、短小精悍

尽管长标题有长标题的好，但标题总体上还是短一些好。文章是写给人读、给人看的，短标题好念也好记。有些文章的大标题或小标题动辄就是两三行，看完要好一会儿，要理解更要好一会儿，让人兴趣索然。好的标题不应该拖泥带水，短短三五个字，能直捣要害就行，这样有深度又不失力度的标题，更能让人印象尤为深刻。例如，我在新华出版社出版的《燃旺信仰的火焰》一书，里面每篇党课讲稿的大小标题都非常短小精悍，让读者一目了然。

## 三、匀称和谐

各个小标题的拟定，一定要顾及相互之间在形式上的整齐匀称，无论在句式还是在字数上，都要尽量做到和谐顺畅，讲究布局上的美感，不能长短不一，参差不齐。例如，《捍卫"两个确立"做到"两个维护"》一文中，一级标题分别是："'两个确立'的形成""'两个确立'的特质""'两个确立'的要求"。在每一个一级标题下面又分别有三个二级标题，如在"'两个确立'的形成"下面，二级标题分别是："深厚的历史依据""扎实的理论依据""充分的实践依据"。每一层级的小标题之间做到了彼此对仗工整，给人一种结构美的感受。

## 四、讲究艺术

拟制小标题，还要讲究艺术性。例如，被赞为"最燃党课"的《幸福都是奋斗出来的》一文，其中有三个小标题分别是："信仰是甜甜的，因为它孕育着希望""信仰是暖暖的，因为它蕴含着大爱""信仰是美美的，因为它闪耀着光芒"，采用借喻手法，生动活泼，耐人寻味。又如，被赞为"最燃党课"的《做最优秀的自己》一文，其中有三个小标题分别是："曰勤""曰慎""曰清"，这三个词原本出自吕本中所著的《官箴》一书，由名人名言或经典诗词引用派生而来的这类标题，会让整篇文章增色不少，顿时显得高大上起来。

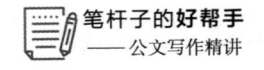

## 第二节　小标题的提炼过程

提炼小标题需要多运用演绎、归纳、对比等方法。具体来讲，可分为以下五个步骤：

### 一、着眼工作全局

一篇文章可能只涉及一个方面的具体工作，但不能孤立地看待问题，只有把它放在全局下进行思考，才能更好地给它定位。提炼小标题时，要着眼工作面临的新形势、新使命、新要求，认真贯彻落实党的路线、方针、政策和上级的工作部署。通常，上级讲话、工作方案等材料中的小标题可以稍作修改后加以运用。

### 二、仔细阅读全文

主旨是文章的灵魂，是整篇文章要阐述的主要观点。文章主旨明确会使得文章读起来条理清晰，语段通畅，它是拟好小标题的基础。因此，要仔细阅读全文，从整体上感知文章主旨。

### 三、多种角度思考

摸到事物的本质，也就找到小标题的内容。要想透过现象看本质，就要拓宽思路，从多种角度去思考问题，从而做到去粗取精、去伪存真、由此及彼、由表及里，准确地揭示出事物的本质和规律。

## 四、深入推敲打磨

成色再好的璞玉，如果不加工打磨，就难以成为精美的艺术品。好的小标题同样需要推敲打磨，在逻辑上要层次有序、衔接顺畅，在表达上要内容精深、形式精巧。

# 第三节 小标题的常用词汇

小标题的常用词汇如下：

## 一、单字类词汇

### （一）常用动词

想、听、看、做、讲、进、跑、拿、来、敲、建、筑、守、开、用、促、转、添、稳、找。

### （二）常用名词

书、楼、旗、路、雁、绳、棋、人、心、点、事、天、时、地、党、政、军、民、龙、山。

### （三）常用副词

很、都、太、全、总、只、必、可、每、单、共、还、会、立、给、更、狠、极、最、再。

### （四）常用形容词

严、准、活、新、多、少、大、小、高、稳、好、真、难、险、冷、热、软、硬、强、重。

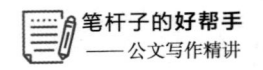

### （五）常用后缀词

性、化、型、感、导、界、员、气、头、子、家、者、招、识、力、度、量、事、勤、实。

## 二、两字类词汇

### （一）常用动词

建立、谋划、思考、发展、发生、宣传、批评、保卫、学习、创新、进行、停止、禁止、打算、推进、融合、珍惜、解答、顺应、抓住。

### （二）常用名词

政治、智慧、地位、任务、形势、理念、核心、纽带、权力、精神、政策、机制、局面、信心、思想、阵地、结构、体系、方针、资源。

### （三）常用副词

加快、尽快、立刻、马上、十分、更加、非常、一律、曾经、处处、持续、竭力、奋力、顺势、恰恰、有效、深入、密切、自主、充分。

### （四）常用形容词

热情、勇敢、伟大、聪明、优秀、清楚、熟练、生动、全部、勤奋、坚固、细心、坚强、认真、美丽、忠诚、明确、具体、淡泊、壮观。

## 三、三字类词汇

### （一）思想认识类

全局观、世界观、大局观、大视野、新形势、新机遇、新气象、观大势、举旗帜、狼来了、谋共识、强信心、生命线、重要性、必要性、特殊性、思想性、危机感、使命感、责任感。

### （二）组织领导类

一班人、一盘棋、一股绳、一条心、把方向、筑同心、强班子、领头雁、总开关、引导者、管理者、设计者、指导者、决策者、主心骨、顶梁柱、先行官、火车头、建堡垒、同心圆。

### （三）工作计划类

堵漏洞、出实招、攻难点、做实事、强队伍、创意新、多层次、管阵地、接地气、贴民情、出实策、硬碰硬、一对一、面对面、沾泥土、冒热气、结对子、理路子、下准药、治准病。

### （四）宣传教育类

工具书、案头书、学而信、学而用、学而行、铭于心、抓导向、广覆盖、导向正、融于魂、大熔炉、叫得响、传得开、兴文化、传播力、展形象、育新人、学标兵、取真经、好声音。

### （五）督办落实类

查隐患、重监管、强管控、找病灶、找问题、高压线、敲警钟、探照灯、察认识、抓督办、抓整改、抓落实、实问责、督进度、观其行、挥利剑、出重拳、不逾矩、零容忍、促提升。

### （六）其它词组类

不走样、固根本、明大德、正歪树、等靠要、树形象、长才干、正其身、守纪律、重品行、凯旋门、有信念、求大同、火药桶、休止符、导火索、集散地、实干家、改革派、做表率。

## 四、四字类词汇

### （一）思想认识类

统一思想、提高认识、认清形势、把握大势、形势所迫、任务艰巨、紧跟时代、立足当前、着眼长远、站在高处、举旗定向、形势逼人、时间催人、任务赶人、时代宣言、时代主题、一号工程、精准把握、深刻理解、系统领会。

**（二）组织领导类**

加强领导、成立专班、亲自挂帅、亲自部署、排兵布阵、同频共振、聚集合力、迸发合力、合力合拍、凝聚共识、合力攻坚、精心组织、密切配合、总揽全局、把握方向、运筹帷幄、力挽狂澜、各司其职、各负其责、同心同德。

**（三）工作计划类**

完善机制、常抓不懈、一抓到底、推陈出新、勇于创新、破解难题、步步深入、标明路径、扬帆起航、创新竞进、应对挑战、突出重点、整体推进、固本强基、抓住机遇、牢牢把握、扎实推进、真抓实干、埋头苦干、求真务实。

**（四）宣传教育类**

学思践悟、勤学不倦、学深悟透、润物无声、日积月累、点滴入心、深入浅出、寓理于事、春风化雨、武装头脑、系统领会、深刻理解、勤于学习、学以修身、入脑入心、洗礼心灵、引向深入、学以增智、刻进灵魂、融入血脉。

**（五）督办落实类**

明察暗访、检查督办、深入挖掘、不留死角、层层剥笋、全程跟踪、落实责任、动态销账、拧拧螺丝、举一反三、分析原因、找出病灶、敲敲脑壳、倒查责任、倒排工期、倒逼时限、攻城拔寨、任务压实、敲钟问响、紧盯进度。

## （六）其它词组类

内忧外患、放飞梦想、历练成熟、内涵丰富、不图虚名、博大精深、主题鲜明、令人鼓舞、振聋发聩、催人奋进、感染心灵、气势磅礴、豪情满怀、持续向好、不断巩固、明显进步、艳阳高照、风和日丽、可喜可贺、可圈可点。

# 第四节　小标题的常用比喻

小标题的常用比喻如下：

## 一、两字类比喻

"温度""深度""广度""硬度""精度""短板""瓶颈""软肋""引擎""马达""淬火""癌症""真经""美容""靶子""堡垒""阶梯""法宝""后院""靶标""准绳""门面""主线""红线""老虎""苍蝇""蜜蜂""标尺""干货""答卷""阅卷""出卷""对表""对标""降温""绑架""利剑""胃口""唱功""做功""缺口""关口""口碑""口水""独唱""合唱""乐章""墩苗""套路""围墙""起势""点赞""台子""镜子""棋子""调子""路子""扣子""票子""尺子""钉子""梯子""加法""减法""乘法""除法""药方""病灶""良方""污垢""体检""用药""基因""复诊""补钙""伯乐""猛将""载体""画像""补位""风帆""枷锁""马甲""厚度""灯塔""翅膀""热土""点菜""掌勺""食材""烹饪""香味""清单""家书""劲草""吐槽""红娘""灵魂""病毒""真金"

## 二、三字类比喻

"领头雁""领头羊""领跑者""主心骨""火车头""顶梁柱""主战场""总开关""牛鼻子""孺子牛""硬骨头""店小二""小学生""多面手""活字典""摸象人""弄潮儿""老黄牛""铁公鸡""千里马""智多星""政策通""开荒者""生力军""出卷人""答卷人""阅卷人""啄木鸟""局外人""全身像""安全帽""安全带""高压线""紧身衣""防火墙""紧箍咒""铁笼子""休止符""免疫针""照镜子""连心桥""主阵地""桥头堡""责任田""定盘星""同心圆""方向盘""路线图""指南针""定心丸""航船舵""主打歌""风向标""指挥棒""试金石""杀手锏""真功夫""摇钱树""快捷键""及时雨""钱袋子""除雾灯""润滑剂""催化剂""千条线""一根针""一池水""一刀切""一堵墙""制高点""长明灯""闪光灯""红绿灯""探照灯""冲锋号""常洗脑""两张皮""练兵场""新篇章""进行曲""传家宝""金钥匙""净化器""拦路虎""绊脚石""教科书""钉钉子""灭火器""隔离带""大熔炉""保护伞""工具书""亲情牌""最强音""主基调""直通车""上发条""动手术""井底蛙""蓄水池"

## 三、四字类比喻

"施工队长""外来和尚""本土秀才""走读干部""中坚力量""拼命三郎""洪荒之力""涛声依旧""遥控指挥""文山会海""缺斤短两""跑偏走样""烂尾工程""浮在面上""泡在会上""贴在墙上""写在纸上""说在嘴上""化学反应""独立王国""绣花功夫""摸着石头""进京赶考""引火上身""行家里手""健康筛查""点准穴位""打准靶子""高出一筹""鱼

水关系""眼里有事""手里有牌""心里有谱""肚里有量""脚下有劲""强基固本""激浊扬清""工匠精神""一枝独秀""落地生根""自我造血""互动双赢""政治明灯""源头活水""同频共振""加减乘除""抽样检查""红脸出汗""咬耳扯袖""如虎添翼""浩如烟海""如鱼得水""天衣无缝""顶天立地""大水漫灌""精准滴灌""老树新枝""星星点点""如影随形""另起炉灶""撸起袖子""扑下身子""望闻问切""授人以渔""几把刷子""独树一帜""好人主义""形式主义""经验主义""本位主义""平均主义""本本主义""破冰之旅""烫手山芋""育种蹲苗""快人一拍""凤凰涅槃""腾笼换鸟""浴火重生""歪门邪道""重拳出击""警钟长鸣""重新洗牌""热锅蚂蚁""插柳成荫""齐头并进""乘数效应""海市蜃楼""镜中水月""火眼金睛""点石成金""偷工减料""神经末梢""坚如磐石""添砖加瓦""如饥似渴""蜻蜓点水""刀刃向内""虎头蛇尾""靶向意识"

## 第五节　小标题的实用案例

小标题是文章的眼睛。小标题能否吸引人，直接决定着文章的阅读量和影响力。实用的小标题如下：

**No.1 党员沉社区助力打赢疫情防控阻击战**

一、快速集结，织密防疫作战"一张网"

二、精细排查，坚守核酸检测"主战场"

三、日夜守卡，筑牢静默管理"一面墙"

四、贴心配送，争当志愿服务"排头兵"

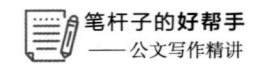

## No.2 她是从不叫苦叫累的党员小护士

一、一声"我要去",从家里的宝贝成为病人眼中的大救星

二、一声"我不怕",从医院的党员成为战疫场中的主力军

三、一声"我还行",从病床的伤员成为战友心中的好伙伴

## No.3 在抗疫中拉近党群距离

一、一个个关卡筑起铜墙铁壁

二、一回回测温缓解紧张情绪

三、一轮轮宣教强化思想认识

四、一次次关怀彰显鱼水之情

## No.4 在勇于担当中筑牢疫情"防火墙"

一、在组织发动中凝聚能量

二、在宣传教育中形成共识

三、在统筹兼顾中扎实推进

四、在建章立制中提质增效

## No.5 号角吹响,战"疫"发起全面总攻

一、全民动员抓落实

(一)统一调度。(二)统一口径。(三)统一标准。

二、紧扣措施抓落实

(一)严格堵卡。(二)严格排查。(三)严格消毒。

三、深化服务抓落实

（一）强化引领。（二）强化惠民。（三）强化督办。

**No.6 传承国粹的中医人**

一、在面临危难中显担当

二、在体贴下属中显温情

三、在巧用中医中显智慧

**No.7 他是宅在家中最想见的人**

一、因为痛着你的痛所以勇于担当

二、因为爱着你的爱所以善于担当

三、因为梦着你的梦所以勤于担当

**No.8 让党旗在防疫一线高高飘扬**

一、突出党建引领，织密疫情防控"一张网"

（一）领导靠前指挥。（二）部门入驻网格。（三）党群火速集结。

二、突出治理职责，筑牢疫情防控"一面墙"

（一）做好排查登记。（二）做好核酸检测。（三）做好卡口值守。

三、突出为民服务，撑起疫情防控"一张伞"

（一）劝导群众回家。（二）稳控群众情绪。（三）做好群众后勤。

**No.9 让党旗红渲染出城市社区的幸福底色**

一、组织新构建，让党旗飘扬到小区中

二、党员双报到，让党徽闪耀到群众中

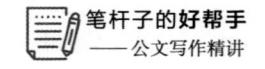

三、初心再锤炼，让党性彰显到服务中

## No.10 党建引领构建城市社区治理新格局

一、一张结构图，网格管理精细化

二、一则召集令，工作队伍精选化

三、一份责任田，便民服务精准化

## No.11 强力助推党建引领乡村治理

一、突出党建引领，织密乡村治理"一张网"

二、突出队伍建设，拧成乡村治理"一股绳"

三、突出为民服务，下好乡村治理"一盘棋"

## No.12 以高质量党建引领高质量发展

一、强化保障措施，让鲜明导向树起来

（一）筑牢责任体系。（二）强化经费保障。（三）补齐工作短板。

二、聚力规范提升，让基层基础实起来

（一）抓实组织建设。（二）建强头羊队伍。（三）注重示范引领。

三、突出全域全链，让统领引领强起来

（一）在农村，实行因地施策。（二）在城市，实行共治共享。（三）在"两新"领域，实行联建共建。

## No.13 从严从实推进组织部门自身建设

一、比学习，创学习型组织部门

（一）开展"书香机关"活动。（二）开展"信息写作"活动。（三）开展"人人讲学"活动。

二、比规范，创模范型组织部门

（一）规范业务办理流程。（二）规范机关日常管理。（三）规范干部日常言行。

三、比奉献，创服务型组织部门

（一）开展"乡村振兴"活动。（二）开展"联系企业"活动。（三）开展"下沉社区"活动。

## No.14 创新活动助力年轻干部成长

一、强化"三个必修"，提升党性修养

（一）铸魂强基，上好党性修养必修课。（二）把脉问诊，上好党性分析必修课。（三）警钟长鸣，上好警示教育必修课。

二、建立"三个保障"，提升教学能力

（一）建强教学阵地。（二）活化教学形式。（三）抓好教学管理。

三、做到"三个精准"，提升培训实效

（一）以需定供，精准制定课程计划。（二）导师帮带，精准助力学员成长。（三）外引内培，精准优化师资力量。

## No.15 年轻干部"跑好龙套"方能成才

一、甘于"跑龙套"

二、善于"跑龙套"

三、勤于"跑龙套"

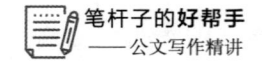

**No.16 创新工作法提升组工信息水平**

一、坚持"三到位",推动全员办信息

(一)认识到位。(二)责任到位。(三)工作到位。

二、强化"三措施",提高质量办信息

(一)三级联审严把关。(二)深化学习提能力。(三)注重一线深挖掘。

三、建立"三机制",常态长效办信息

(一)建立常态通报机制。(二)建立定期奖罚机制。(三)建立提醒约谈机制。

**No.17 培训班侧记**

一、一个个憧憬的眼神

二、一场场坦诚的邀约

三、一次次暖暖的牵手

三、一声声轻轻的再见

**No.18 在培训班上的交流发言**

一、做到三个"惜"

(一)对这份知识的盛宴要珍惜。(二)对这份师生的缘分要珍惜。(三)对这份学员的荣誉要珍惜。

二、实现三个"更"

(一)理想和信念更加坚定。(二)眼界和视野更加开阔。(三)境界和能力要更加提升。

三、培育三个"心"

（一）笃定慎终如始的"忠心"。（二）坚定勤学善思的"恒心"。（三）锤炼干事创业的"决心"。

**No.19 个人思想小结**

一、用学习的态度琢磨工作

二、用吃苦的精神投入工作

三、用创新的意识扛起工作

四、用低调的姿态慎待工作

**No.20 "三到位"确保主题教育高质量推进**

一、在提升站位中确保主题教育"谋"到位

（一）及早谋划，预热主题教育。（二）细化责任，完善组织架构。（三）改进作风，力戒花拳绣腿。

二、在丰富形式中确保理论学习"学"到位

（一）以点面结合抓学习。（二）以上下结合抓学习。（三）以学做结合抓学习。

三、在突出实效中确保整改落实"做"到位

（一）围绕"专项整治"抓整改。（二）围绕"即知即改、立行立改"抓整改。（三）围绕"为民服务解难题"抓整改。

**No.21 "三大课堂"让主题教育更加常态**

一、"固定课堂"，规范化统一学

（一）支部学。（二）党校学。（三）窗口学。

二、"活动课堂"，多元化灵活学

（一）成立宣讲团。（二）开办文娱活动。（三）开展结对帮扶。

三、"智慧课堂"，智能化便捷学

（一）网络学。（二）电视学。（三）手机学。

**No.22 以三个"早"学习贯彻党的二十大精神**

一、早学习，深入领会党的二十大精神

（一）明确措施，合理部署。（二）集中收看，组织研讨。（三）多样学习，深入领会。

二、早动员，深入宣传党的二十大精神

（一）宣传发动。（二）举办培训。（三）编写手册。

三、早行动，深入贯彻党的二十大精神

（一）结合"书香机关"活动。（二）结合"揭榜挂帅"活动。（三）结合"三学三立"活动。

**No.23 推进改革之舟乘风破浪**

一、以信念为帆

二、以民意为图

三、以实干为桨

四、以学习为伴

**No.24 勇为"党建＋互联网"先行者**

一、精简化的服务流程

二、精细化的积分管理

三、精准化的统计分析

**No.25 "三举措"做好党员组织关系梳理排查工作**

一、高度重视，落实责任

（一）成立工作专班。（二）召开专题会议。（三）细化工作责任。

二、认真梳理，稳步推进

（一）全面覆盖，摸排党员信息。（二）主动对接，确保信息准确。（三）尽心尽力，查找失联党员。

三、建章立制，规范操作

（一）建立业务培训制度。（二）建立监督核查制度。（三）健全党员管理机制。

**No.26 以"四大工程"引领国企高质量发展**

一、实施"政治统领"工程

（一）加强组织领导。（二）筑牢思想阵地。（三）健全责任体系。

二、实施"强基赋能"工程

（一）强化政治功能。（二）强化品牌建设。（三）强化典型引领。

三、实施"人才强企"工程

（一）打造红色团队。（二）扩宽视野选才。（三）打破常规用才。

四、实施"文化聚力"工程

（一）培育"家"的文化。（二）培育"法"的文化。（三）培育"廉"的文化。

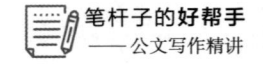

## No.27 积极助力"博士服务团"发挥作用

一、贴心化服务,解除后顾之忧

(一)提供有力的后勤保障。(二)营造良好的工作环境。(三)搭建便利的交流平台。

二、精细化管理,融入本地工作

(一)完善制度。(二)正确对待。(三)做好调研。

三、合理化使用,发挥优势作用

(一)助力发挥"领跑者"作用。(二)助力发挥"智囊团"作用。(三)助力发挥"架桥人"作用。

## No.28 "三个三"促村(社区)党组织换届提质增效

一、以"三个在前",掌握主动权

(一)摸底在前,精准研判形式。(二)整顿在前,化解潜在风险。(三)谋划在前,扩大选人视野。

二、以"三个到位",紧扣关键环

(一)组织领导到位。(二)动员部署到位。(三)宣传引导到位。

三、以"三个关口",实现硬指标

(一)严把程序规范关。(二)严把人选质量关。(三)严把机构要求关。

## No.29 因村制宜发展壮大农村集体经济

一、闲置资产建项目

二、招商引资建项目

三、发展服务建项目

## 四、围绕特色建项目

### No.30 强力助推乡村振兴

一、聚焦"三全"强统筹

（一）坚持全面统筹。（二）坚持全域推进。（三）坚持全民参与。

二、聚焦"三改"优环境

（一）突出改路。（二）突出改厕。（三）突出改污。

三、聚焦"三品"壮产业

（一）选优品种。（二）提升品质。（三）打造品牌。

四、聚焦"三联"促和谐

（一）强化干群联合抓。（二）强化村企联合抓。（三）强化村村联合抓。

### No.31 聚焦民生推动"我为群众办实事"活动深入开展

一、推行"三把关"，用心用情推进实践活动

（一）实行支部审核。（二）实行群众监督。（三）实行上级督查。

二、抓好"三联动"，集中力量推进实践活动

（一）县级领导带头办。（二）部门单位比着办。（三）普通党员争先办。

三、把握"三进度"，精准施策推进实践活动

（一）实时跟进提准度。（二）分类指导扩广度。（三）强化宣传升温度。

### No.32 在响应群众呼声中把好事办到其心坎上

一、高标准推进，让"办实事"成为惠民工程

（一）实地调研察实情。（二）纾难解困办实事。（三）支部巡整抓实干。

二、高精度谋划，让"办实事"切中现实难题

（一）小切口聚焦大民生。（二）小事项解决大问题。（三）小创新实现大改善。

三、高频次督导，让"办实事"真正落实落地

（一）建立跟踪督导机制。（二）建立项目管理机制。（三）建立总结推介机制。

**No.33 党员干部迅速投奔抗洪救灾第一线**

一、一个党委就是一盏明灯

二、一个支部就是一座堤坝

三、一个党员就是一面旗帜

**No.34 扎实做好防汛抗旱工作**

一、要绷紧思想之弦

（一）从气象预测上看，灾害可能偏重。（二）从现有堤防上看，安全隐患较多。（三）从防洪准备上看，仍需继续加强。

二、要抓牢应对之策

（一）抓好预案修订完善工作。（二）抓好气象灾害预警工作。（三）抓好防汛综合保障工作。

三、要压实责任之链

（一）责任压实到位。（二）协调配合到位。（三）纪律保障到位。

### No.35 坚决守稳守牢粮食安全底线

一、筑牢新的粮食安全观，确保手中有粮、心中不慌

（一）我们党历来重视粮食安全。（二）粮食安全是重大战略问题。（三）深刻把握粮食安全的内涵。

二、夯实粮食生产保障力，实现藏粮于地、藏粮于技

（一）着力推进藏粮于地。（二）着力推进藏粮于技。（三）着力培育新型农民。

三、倡导勤俭节约好风尚，强化节约光荣、浪费可耻

（一）树立大食物观。（二）养成节约习惯。（三）降低粮食耗损。

四、健全粮食安全责任制，落实党政同责、齐抓共管

（一）落实落细党政同责。（二）全面强化依法管粮。（三）发挥考核激励作用。

### No.36 坚决守牢安全生产底线

一、提高政治站位，强化责任担当

（一）安全稳定要须臾不松。（二）安全警钟要时时敲响。（三）安全生产要事事上心。

二、紧盯重点领域，抓实专项整治

（一）监管要精准严密。（二）排查要深入细致。（三）整改要彻底到位。

三、立足落实落细，完成各项任务

（一）责任落实要明晰。（二）督办检查要勤快。（三）应急准备要充分。

## No.37 强力推进应急指挥体系规范化建设

一、优化工程构建高效指挥体系

（一）优化组织体系，做强指挥中枢端。（二）优化指挥平台，做实数字赋能圈。（三）优化指挥场所，做快应急流程图。

二、完善工程形成顺畅衔接机制

（一）完善考核督导制度，实现履职标准化。（二）完善应急联动制度，实行预案实战化。（三）完善值班值守制度，实施操作规范化。

三、聚焦工程强化实战应对能力

（一）聚焦应急科技支撑，打通信号高速路。（二）聚焦应急力量布局，打造快速救援圈。（三）聚焦应急资源统筹，打开联防联控网。

## No.38 以"五共"理念绘就最美家园图

一、决策共谋，让"一班人之智"变为"一村之策"

（一）丰富协商形式。（二）充分发挥自治。（三）坚持问题导向。

二、发展共建，让"一边闲站"变为"一体同创"

（一）房前屋后自己动手。（二）公共区域投工投料。（三）基础设施出谋划策。

三、建设共管，让"一时亮眼"变为"一直靓丽"

（一）健全三级体系。（二）制定三项公约。（三）实行三务公开。

四、效果共评，让"一人自评"变为"一村点评"

（一）建立多元评比机制。（二）公示公开评比结果。（三）引导群众向善向美。

五、成果共享，让"一人独乐"变为"一群人乐"

（一）公共服务人人受益。（二）美好环境人人受益。（三）产业发展人人受益。

**No.39 用心谱写司法服务"共同缔造"新篇章**

一、有效落实"三项举措"，精准融入基层社会治理体系

（一）依靠党委政府领导力。（二）发挥法庭团队保障力。（三）释放村居网格支撑力。

二、建立健全"三项机制"，切实提升基层社会治理效能

（一）创新"人民法庭＋巡回审判点＋诉讼联络员"的便民服务网络机制。（二）创新"专门合议庭＋多元解纷＋速裁快审"的巡回审判网络机制。（三）创新"一站式服务＋远程调解＋网上开庭"的线上诉讼网络机制。

三、积极推动"三项改革"，不断提升基层社会治理水平

（一）推动"分调裁审"改革，优化基层司法资源配置。（二）推动"诉源治理"改革，完善基层社会治理体系。（三）推动"非诉调解"改革，引导矛盾纠纷多元化解。

四、稳步推进"三项服务"，着力深化基层社会治理体系

（一）服务乡村产业功能区建设。（二）服务乡村生态环境治理。（三）服务乡村法治文明建设。

**No.40 以市域治理现代化推进社会和谐稳定**

一、织好基层组织"一张网"

（一）建立组织体系。（二）引导党员下沉。（三）强化为民服务

二、用好精密智控"数据链"

（一）系统收集，（二）数据互联，（三）合理应用。

三、架好依法治理"高压线"

（一）强化执法系统协同。（二）提升社会法治意识。（三）加快群众习惯变革。

四、把好应急处突"关键点"

（一）加强指挥体系建设。（二）加强调度体系建设。（三）加强协同体系建设。

## No.41 全力护航平安建设

一、织密"三网"，筑牢城镇社会"防火墙"

（一）织密矛盾纠纷排查网。（二）织密视频监控巡查网。（三）织密街面巡逻防控网。

二、做到"三严"，拧紧城镇防控"安全阀"

（一）严守城区进出要道。（二）严格公共安全监管。（三）严打突出违法犯罪。

三、强化"三服"，打造城镇便民"温馨港"

（一）强化户籍管理服务。（二）强化公安政务服务。（三）强化经济发展服务。

## No.42 打好土地节约集约利用"组合拳"

一、坚持"三个引领"树立用地新理念

（一）强化责任引领。（二）科学规划引领。（三）加强考核引领。

二、强化"三个严格"构建用地新秩序

（一）严格集体决策。（二）严格管控标准。（三）严格土地监管。

三、推进"三个集约"探索用地新模式

（一）推进产业集聚。（二）推进居住集中。（三）推进用地集约。

## No.43 构筑生态环保工作新格局

一、建立"三项机制"，打造责任落实新模式

（一）建立综合协调机制。（二）压实党政同责机制。（三）完善协同配合机制。

二、突出"三个创新"，汇聚全程监管动力源

（一）创新清单交办方式。（二）创新监管执法方式。（三）创新实时监测方式。

三、狠抓"三条措施"，奏响全域推进最强音

（一）考核与评价并举。（二）激励与约束并重。（三）实干与担当并行。

## No.44 强力推进基层劳动人事争议调解工作

一、坚持"三个突出"，夯实调解组织工作

（一）突出调解网络建设。（二）突出制度机制保障。（三）突出调解规范指导。

二、坚持"三个强化"，提升调解服务质效

（一）强化调裁衔接。（二）强化源头预防。（三）强化宣传引领

三、坚持"三个着力"，提高调解服务水平

（一）着力搭建网上便民平台。（二）着力抓好调解案件回访。（三）着力提升调解服务广度。

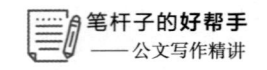

## No.45 确保财政资金安全高效

一、在"三要领"上谋实

(一)提高站位,树牢预算绩效意识。(二)制度先行,健全绩效管理体系。(三)创新机制,合力推进绩效管理。

二、在"三评审"上践行

(一)控源头,促改革,细化预算公开评审。(二)抓重点,防风险,强化政府投资评审。(三)重实效,稳增长,深化资金绩效评审。

三、在"三机制"上提升

(一)健全预算公开机制。(二)健全动态调整机制。(三)健全绩效挂钩机制。

## No.46 深入推进药品安全专项整治工作

一、压紧压实责任

(一)压实企业主体责任。(二)压实属地管理责任。(三)压实行业监管责任。

二、建立健全机制

(一)健全友邻区域协同机制。(二)健全兄弟单位联动机制。(三)健全行业监管长效机制。

三、盯住重点环节

(一)坚持事前指导规范。(二)坚持事中动态监管。(三)坚持事后问责警示。

## No.47 强力构建税收治理综合体

一、三个立足抓落实

（一）立足党建引领。（二）立足工作联动。（三）立足法治成效。

二、三个突破提质效

（一）联合建机制。（二）主动拓渠道。（三）动态强监管。

三、三个关键优服务

（一）紧抓能力提升。（二）严抓助企纾困。（三）常抓宣传辅导。

## No.48 高质量开展住房和城市建设专项审计调查

一、"三聚焦"，高点站位精准审计

（一）聚焦营商环境，力促减税降费。（二）聚焦民生工作，保障阳光拆迁。（三）聚焦停车服务，保障出行便利。

二、"三统筹"，多点发力审深审透

（一）统筹审计资源，形成优势互补。（二）统筹审计实施，实现效能同步。（三）统筹审计数据，锁定疑点线索。

三、"三深化"，标本兼治督促整改

（一）深化整改强落实，有效保障整改效果。（二）深化移送正风纪，积极促进严肃问责。（三）深化成果提层次，积极服务机制完善。

## No.49 强力助推教育高质量发展

一、"三个强化"，高位统筹推进

（一）强化组织保障。（二）强化责任落实。（三）强化试点示范。

— 207 —

二、"三个优化"，促进提质增效

（一）校点布局进一步优化。（二）师资队伍进一步优化。（三）资源利用进一步优化。

三、"三个优质"，培育内生动能

（一）优质建设现代化学校。（二）优质创建示范化样本。（三）优质提升专业化管理。

**No.50 强力推动民政事业高质量发展**

一、着力打造暖心民政

（一）加强困难群众兜底保障。（二）加强特殊人群关爱保护。（三）加强救助帮扶力量整合。

二、着力打造幸福民政

（一）优化"一老一少"服务水平。（二）优化"专项事务"服务水平。（三）优化"数字民政"服务水平。

三、着力打造善治民政

（一）抓好村社组织换届。（二）强化基层党建引领。（三）激发社会组织活力。

**No.51 全力做好统计工作**

一、要当好参谋

（一）在找准短板上当参谋。（二）在总结经验上当参谋。（三）在谋划长远上当参谋。

二、要转变思维

（一）对上要多沟通汇报。（二）对外要多横向联系。（三）对内要多摸清情况。

三、要注重协作

(一)搞好数据会商。(二)搞好交流共享。(三)搞好联合调查。

四、要建好队伍

(一)打造忠诚型队伍。(二)打造专家型队伍。(三)打造务实型队伍。

**No.52 在工作安排部署会上的讲话**

一、提高认识

二、加强领导

三、细化措施

四、搞好宣传

五、督办落实

**No.53 在工作安排部署会上的讲话**

一、在扭住关键中抓好重点工作

(一)抓项目建设。(二)抓招商引资。(三)抓资金争取。(四)抓工业经济。(五)抓旅游产业。(六)抓脱贫成果巩固。(七)抓乡村振兴示范点建设。(八)抓农业生产。(九)抓城建工程。(十)抓生态环境保护。(十一)抓民生实事项目。(十二)抓安全稳定工作。(十三)抓疫情防控。(十四)抓荣誉创建工作。

二、在着眼长效中创新探索管用机制

(一)健全领导包保机制。(二)健全专班协调机制。(三)健全一线工作机制。(四)健全定期观摩机制。(五)健全载体推进机制。(六)健全闭环管理机制。

三、在责任担当中强力推进工作落实

（一）紧盯目标抓落实。（二）明确时限抓落实。（三）领导带头抓落实。（四）强化担当抓落实。（五）统筹兼顾抓落实。（六）加强督导抓落实。

四、在改进作风中全面加强党的建设

（一）全面加强党的建设。（二）全面抓好党风廉政建设。（三）全面加强作风建设。

## No.54 在三级干部大会上的讲话

一、在比拼中干出喜人成绩

（一）干出了速度。（二）干出了力度。（三）干出了温度。（四）干出了厚度。

二、在谋划中坚定必胜信念

（一）坚决打赢"产业升级攻坚战"。（二）坚决打赢"城市转型攻坚战"。（三）坚决打赢"乡村振兴攻坚战"。（四）坚决打赢"招商引资攻坚战"。（五）坚决打赢"民生事业攻坚战"。（六）坚决打赢"深化改革攻坚战"。

三、在落实中凝聚发展合力

（一）以大讨论促思想大解放。（二）以大行动促工作大落实。（三）以大整治促环境大改善。（四）以大督查促正气大提升。

## No.55 在三级干部大会上的讲话

一、保持"不争第一就是落后"的进取心，谋就谋定

（一）谋划工作要抓全局。（二）谋划工作要抓重点。（三）谋划工作要抓典型。

二、保持"不争第一就是落后"的进取心，走就走前

（一）要拉高标杆、自我加压。（二）要有真本领、有硬功夫。（三）要不畏困难、不惧艰险。

三、保持"不争第一就是落后"的进取心，干就干好

（一）要领导带头抓落实。（二）要创新方法抓落实。（三）要改进作风抓落实。

## No.56 在经济形势分析会上的讲话

一、紧盯机遇抓落实

（一）要加强机遇的研究。（二）要加强机遇的对接。（三）要创造更多的机遇。

二、突出问题抓落实

（一）要迅速扭转增速下滑的态势。（二）要全力补齐后劲不足的短板。（三）要努力改变质量不高的现状。

三、加强服务抓落实

（一）培育主体做多总量。（二）壮大主体提升质量。（三）创新机制激发活力。

四、强化责任抓落实

（一）强化层级担当。（二）切实转变作风。（三）严守纪律规矩。

## No.57 在高质量发展推进大会上的讲话

一、乘势而上，始终保持发展定力

（一）坚定信心抓发展。（二）认清差距再出发。（三）提振精神开新局。

二、聚焦重点，不断建强产业体系

（一）实体经济必须实现跨越性发展。（二）科技创新必须获得阶段性成效。（三）人力资源必须具备实质性突破。

三、优化环境，全力护航企业发展

（一）政务服务要更加便捷高效。（二）营商环境要更加风清气正。（三）干事氛围要更加心齐气顺。

## No.58 在全市经济工作会议上的讲话

一、着眼于形势怎么看，深刻认识经济发展新常态

（一）要在全球经济深度调整中抢占制高点。（二）要在国内发展阶段演化中抢占制高点。（三）要在同类城市新的竞争中抢占制高点。

二、着眼于重点怎么抓，积极引领经济发展新常态

（一）要提速增效。（二）要招大引强。（三）要攻坚克难。（四）要齐抓共推。

三、着眼于保障怎么强，科学驾驭经济发展新常态

（一）观念理念要转变。（二）体制机制要创新。（三）方式方法要改进。（四）能力水平要提升。

## No.59 全力推动经济社会平稳较快发展

一、精准发力，稳住企业"生命线"

（一）着力保重点企业运转顺畅。（二）着力保外贸外资稳中提质。（三）着力保货运物流运送畅通。

二、靠前发力，跑出项目"加速度"

（一）全力抓招大引强。（二）全力抓谋划争取。（三）全力抓项目推进。

三、统筹发力，普降惠企"及时雨"

（一）优化惠企政策兑现流程。（二）持续加大信贷投放力度。（三）有序清理违规收费行为。

四、持续发力，筑牢民生"压舱石"

（一）聚焦重点企业保用工。（二）聚焦重点人群保就业。（三）聚焦重点岗位保稳定。

## No.60 在经济稳进提质攻坚行动工作推进会上的讲话

一、坚定信心、坚守定力，切实增强主动抓抓主动的自觉性

（一）要有"越是艰险越向前"的拼劲。（二）要有"越是困难越担当"的境界。（三）要有"越是变局越主动"的豪迈。

二、紧盯不放、紧抓不松，切实增强主动抓抓主动的实效性

（一）稳主体要更加系统、更加解渴。（二）扩投资要全线提速、全面放量。（三）促消费要精准直达、旺市惠民。（四）稳就业要多措并举、因势利导。（五）保供给要上下衔接、多方协同。（六）抓安全要传导压力、压实责任。

三、振奋精神、振作状态，切实增强主动抓抓主动的严肃性

（一）强化冲锋在前的领导力。（二）强化握指成拳的执行力。（三）强化直插一线的监督力。（四）强化共克时艰的向心力。

## No.61 在服务提质中争做高质量发展排头兵

一、以质量效果为导向，强化滴灌式服务

（一）驻企干部蹲点帮办。（二）专班人员专事专办。（三）领导联系难事包办。

二、以企业提能为追求，强化定制式服务

（一）分层分类强梯队。（二）聚焦聚力防风险。（三）因时因势促转型。

三、以系统观念为引领，强化全程式服务

（一）建立问题汇集机制。（二）建立问题交办机制。（三）建立问题督办机制。

## No.62 全力推动经济高质量发展

一、以特色产业为支撑，夯实发展底盘

（一）建强产业链条。（二）育强市场主体。（三）做强产业品牌。

二、以城乡统筹为载体，提升发展能级

（一）主动融入区域布局。（二）做大做强中心城区。（三）扎实推进乡村振兴。

三、以营商环境为抓手，激活发展动力

（一）优待办事者。（二）厚待投资者。（三）善待外来者。

四、以生态保护为根本，擦亮发展底色

（一）坚守绿水青山的发展底线。（二）激活绿色发展的乘数效应。（三）推动环保理念的实践创新。

## No.63 坚定不移走好高质量发展特色之路

一、以特色引领，选准发展赛道

（一）打好快递产业特色牌。（二）筑牢新制造业压舱石。（三）拓宽美丽经济共富路。

二、以质效导向，提升发展动能

（一）强化大平台支撑。（二）强化大项目撬动。（三）强化大企业引领。

三、以系统集成，优化发展生态

（一）城市迭代提能级。（二）全域统筹强保障。（三）数字赋能优服务。

## No.64 聚力打造高质量发展的重要增长极

一、引领区域发展上要取得新突破

（一）精心下好交通"先行棋"。（二）携手绘好产业"同心圆"。（三）合力打造服务"组合拳"。

二、推动经济实力上要再上新台阶

（一）大力发展先进制造业。（二）做强做优现代服务业。（三）加快推进农业产业化。

三、促进城市能级上要实现新提升

（一）全面提升城市承载能力。（二）持续激活城市创新活力。（三）充分彰显城市生态魅力。

## No.65 创新工作机制服务民营经济高质量发展

一、实现"三联动"，增动能、促发展

（一）实现"上下联动"。（二）实现"部门互动"。（三）实现"整体推动"。

二、畅通"三渠道"，增服务、优环境

（一）畅通"政企沟通"渠道。（二）畅通"参政议政"渠道。（三）畅通"结对联姻"渠道。

三、搭建"三平台"，增才干、助成长

（一）搭建"线上+线下"的学习平台。（二）搭建"外出+引进"的参训平台。（三）搭建"创新+供需"的服务平台。

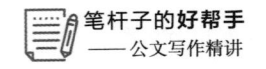

## No.66 充分释放民营经济发展活力

一、发挥政策的叠加效应

（一）加快出台配套实施细则。（二）抓好政策宣传。（三）抓好新政策储备。

二、发挥人才的虹吸效应

积极支持民营企业引进人才。（二）积极为民营企业用工提供保障。（三）积极为民营企业开展培训。

三、发挥园区的集聚效应

（一）加快园区体制机制创新。（二）加快创业基地建设。（三）加大创业孵化器的建设力度，

四、发挥企业家的头雁效应

（一）全面提升企业家创新能力。（二）搭建企业家合作交流平台。（三）优化企业家成长的生态环境。

## No.67 在全市民营经济发展大会上的讲话

一、充分肯定民营经济的巨大贡献

（一）民营经济是推动经济发展的生力军。（二）民营经济是驱动科技创新的主引擎。（三）民营经济是扩大对外开放的动力源。（四）民营经济是增进民生福祉的助推器。

二、毫不动摇支持民营企业做大做强做优

（一）为企业降本减负。（二）为企业松绑除障。（三）为企业排忧解难。（四）为企业引路指向。

三、大力弘扬新时代企业家精神

（一）要走在振兴实体经济的前列。（二）要走在创新发展的前列。

（三）要走在开放合作的前列。（四）要走在造福社会的前列。

## No.68 以"投资立体战"激活发展新动能

一、立足于"抢"，完善项目生成机制

（一）远近结合谋项目。（二）内外互动引项目。（三）上下联动争项目。

二、着眼于"战"，完善项目调度机制

（一）高位统筹。（二）节点推进。（三）扁平管理。

三、落脚于"实"，完善项目推进机制

（一）以重点项目为支撑。（二）以工业项目为主导。（三）以政府项目为基础。

四、致力于"稳"，完善项目服务机制

（一）优化项目审批上要"减"。（二）破解要素瓶颈上要"帮"。（三）落实支持政策上要"活"。

## No.69 持之以恒抓好招商引资"一号工程"

一、在思维观念上"破冰"

（一）加快对外开放。（二）加速对内激活。（三）加强对上争取。

二、在堵点难点上"破局"

（一）做大头部企业招商。（二）做精主导产业招商。（三）聚焦新兴产业招商。

三、在体制机制上"破题"

（一）坚持大员上阵的高位推进机制。（二）建立招落一体的闭环管理机制。（三）强化扎实有力的调度督办机制。

## No.70 招商引资"四个必须"

一、必须提升"三个认识"

（一）招商引资和项目建设是加快转型升级的主路径。（二）招商引资和项目建设是稳增长、保态势的主抓手。（三）招商引资和项目建设是各级干部建功立业的主战场。

二、必须加快"三个创新"

（一）创新招商理念。（二）创新招商模式。（三）创新招商活动。

三、必须抓好"三个突破"

（一）要在招大引强上实现突破。（二）在引进产业项目上实现突破。（三）在项目建设上实现突破。

四、必须强化"三个保障"

（一）强化服务保障。（二）强化要素保障。（三）强化人才保障。

## No.71 做强产业集群抓升级开新局

一、提升全链条韧性，锻造稳进提质硬支撑

（一）"招大引强"补链。（二）"数字变革"强链。（三）"跨界融合"延链。

二、推动全领域创新，塑造制胜未来新优势

（一）突出"平台赋能"。（二）构筑"聚才磁场"。（三）放大"孵化效应"。

三、强化全方位保障，打造安心发展好环境

（一）将要素阳光配置。（二）为企业纾困解难。（三）让生产少受影响。

## No.72 在拆迁工作推进会上的讲话

一、做到责、权、利相结合

（一）认识工作责任。（二）用好相关权力。（三）维护群众利益。

二、做到情、理、法相结合

（一）彰显真情。（二）以理服人。（三）依法办事。

三、做到点、线、面相结合

（一）点上突破。（二）线上推动。（三）面上覆盖。

## No.73 在棚改及重点项目征迁清零工作动员会讲话

一、提高站位，充分认识做好棚改拆迁清零工作的重要性

（一）棚改征迁工作是惠及民生的前提和保障。（二）棚改征迁工作是密切干群的桥梁和纽带。（三）棚改征迁工作是检验作风的标尺和平台。

二、强化措施，全力以赴做好棚改和重点项目征迁清零工作

（一）要统一标准。（二）要敢于碰硬。（三）要灵活处置。

三、强化落实，形成齐心协力狠抓征迁的浓厚氛围

（一）要加强组织领导。（二）要加强宣传引导。（三）要加强监督执纪。

## No.74 以"三个化"为抓手助推重大项目大干快上

一、机构建设规范化

（一）优化人员结构。（二）健全管理制度。（三）提高运行效率。

二、工作机制体系化

（一）深化"清单制"管理。（二）倒逼"压茬式"推进。（三）支撑"全方位"建设。

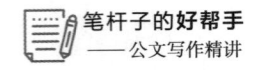

三、服务保障精细化

（一）强基础。（二）促提升。（三）造氛围。

## No.75 以城市焕新跑出发展加速度

一、科技回归都市，以理念大转变推动产业焕新

（一）"政策＋服务"构筑创新生态。（二）"街区＋院所"打造创新引擎。（三）"行业＋企业"提升创新能级。

二、更新扮靓都市，以项目大攻坚推动空间焕新

（一）老区块赋予新功能。（二）老街巷展现新风貌。（三）老门户打造新地标。

三、数字赋能都市，以机制大变革推动治理焕新

（一）以"整合"加快组织变革。（二）以"智治"加快模式变革。（三）以"兜底"加快服务变革。

## No.76 强力提升城市精细化管理水平

一、健全机制，扎实助推全面创建

（一）建立全系统责任机制。（二）建立全环节督战机制。（三）建立全过程评比机制。

二、聚焦一线，扎实助推全域创建

（一）情况在一线掌握。（二）问题在一线整改。（三）联动在一线执法。

三、强化举措，扎实助推全民创建

（一）强化宣传教育接地气。（二）强化市容整治优环境。（三）强化服务意识惠民生。

### No.77 强力推进新型城镇化建设

一、创造条件入城,让农民变市民

(一)规划引领扩容量。(二)创新机制促增量。(三)完善服务提质量。

二、提升城市品位,让旧城换新颜

(一)不断完善城市配套功能。(二)大力推进城市更新行动。(三)深入实行街道精细管理。

三、推动产城融合,让潜力成实力

(一)提升产业集聚能力。(二)提升城市经营能力。(三)提升对外吸附能力。

四、坚持绿色发展,让颜值有价值

(一)以生态筑底。(二)以旅游搭台。(三)以文化唱戏。

### No.78 打造全体人民全面发展的幸福城区

一、以产业带共富,百姓获得感更可持续

(一)狠抓工业强区,做大就业"基本盘"。(二)建好共富工坊,拓宽创业"新路径"。(三)盘活耕地资源,开辟增收"新渠道"。

二、以品质惠民生,百姓幸福感更加可及

(一)打造"人人安居"的共富单元。(二)打造"人人乐享"的文化空间。(三)打造"人人满意"的公共服务。

三、以共建促共治,百姓安全感更有保障

(一)提升组织力。(二)提升动员力。(三)提升智治力。

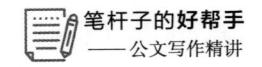

## No.79 积极融入粤港澳大湾区发展

一、以"魅力中国城"为形,大展宏图

二、以"南方石油城"为根,厚积薄发

三、以"唯用一好心"为魂,凝心聚力

## No.80 聚力建设产业实力雄厚的现代化滨海城市

一、向海而兴,引领城市发展方向

二、大抓产业,激发城市内在活力

三、山海联动,凸显城市生态之美

# 第九章
# 从修改上琢磨到位

有句俗话:"一粒老鼠屎坏了一锅粥。"写材料非常辛苦,但哪怕一两个错别字,甚至只是标点符号等小问题,就会将自己辛辛苦苦得来的成绩抹杀掉。俄国作家契诃夫说:"写得好的本领,就是删掉写得不好的地方的本领。"好的材料都是用心改出来的,精心磨出来的。写完材料之后的修改非常重要,只有反反复复地润色、推敲、调整、补充、完善,文字才能更精准,语句才能更精炼,文章才能好上加好。

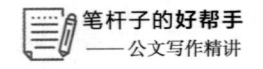

# 第一节 不要只求速度

俗话说："慢工出细活。"陈忠实写《白鹿原》花了六年时间，最终获得中国第四届茅盾文学奖。写材料不要追求速度，而要追求完美。写完材料后，如果领导不是急于要的话，应该先放一放，这样好处多多。

## 一、利于校对

我们校对自己起草的材料时，容易产生审美疲劳和阅读惯性，有时候连很明显的错误也会看不出来。而且有足够的时间去思考，材料也会越加成熟。

如果时间宽裕，放它三五天，如果时间比较紧，可以松松筋骨、活动一圈回来再看，这时写作状态以及思考的角度会有所变化，再进行字斟句酌，精雕细琢，会有新的收获。比如，今天的想法是这样，感觉材料写得非常好；但明天睡一觉起来，再一琢磨，可能会发现有一些漏洞，还可以好好再修改修改；再过一天，发现之前还有很多地方没有写到位，又可以继续改改，如此反复修改，文章质量自然会提升。

## 二、领导放心

如果很快就交给领导，写得非常好则没事，可一旦出现一点瑕疵，就会给领导留下敷衍应付、不负责任的印象。做事速度一旦快，就难以把握小细节，出现小细节不重视的次数多了，渐渐地，领导就会认为，这个孩子办事不怎么靠谱。

千万不能认为自己为了写材料整天吃在办公室、干在办公室、睡在办公室，甚至打吊瓶也在办公室就是爱岗敬业，当引以为荣，值得表扬。如果在写材料的过程中，急于求成，次次出现瑕疵，即使是自己头发掉光，身体搞垮，也可能不会得到领导半点赞赏。

### 三、避免折腾

在互联网中，就有人吐槽，领导让修改稿件无数回，最终用稿还是第一回。写完材料后，即使自己已经修改得很完美了，确确实实是无懈可击了，那也不能急于交给领导。这样就可以减少一些不必要地来回折腾，自己也会轻松很多。

当然，如果自己写的材料不能做到尽善尽美，或者不符合领导的要求，那还是要尽早交给领导来"把把脉"，以便及时修改，避免耽误事情。

## 第二节　不要仅重次数

精品材料大多是在反复修改中成就的，一遍成功、一炮打响的事总是少之又少。但材料也并非越是修改次数多，越是会成为精品，更重要的是注重修改的方法。

### 一、电脑审阅式修改

刚开始，我们不需要逐字逐句对材料进行人工校对检查，而是要学会利用电脑校对检查，word 软件就有校对检查功能。

基本步骤有三步：第一步，点击上方的"审阅"标签选项。第二步，点击上方的"文档校对"标签选项。第三步，点击"立即校对"标签选项。

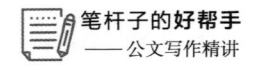

## 二、整篇回想式修改

通过电脑进行修改完后,也不要急于逐字逐句去抠,而要在脑子里把整篇材料回想一遍,从全局着眼,统观全篇,从内容、主题、观点和结构等方面去考虑,看看中心思想是否突出,观点是否正确,措施是否切实可行。

然后再考虑局部的问题,以及遣词造句等表现形式的问题。通过回想,能更好地从全篇着眼,从大处着手,把材料修改好。

## 三、低声朗读式修改

"新诗改罢自长吟",诗圣杜甫就是用这种方法来进行诗歌锤字炼句的。阿·托尔斯泰除了自己坚持用朗读来修改文章之外,还把这种方法介绍给青年。他认为,在写作的时候,要做到口里朗朗有声,所有的大师都是嘴里一边大声地念,手里一边写的。

通过朗读,无声的文字变成了有声的语言,朗读中嘴里一边念,耳朵一边听,就能发现文章中的毛病。如有些句子读起来不顺口,有些词语听起来不顺耳,有些段落缺少过渡或前后意思重复,有些地方表达不清楚,有些修辞方式欠妥等,这些问题就能够在朗读中发现,在朗读中改正。如果是给领导写材料,那么朗读的时候,最好模仿领导的口气,这样更能修改出不一般的效果。朗读是检查材料是否朗朗上口、连贯和完整的好办法。每一遍朗读时确立一个修改目标,如第一遍专门检查主题是否突出,观点是否正确,第二遍则专门检查语句是否通顺,标点是否正确等,几遍下来一定会使材料完全改观。

## 第三节　不要单独修改

在写材料时，自己即使想得再周到、再细致、再全面，也难免存有局限性。因此，起草材料者要善于借助外力，请本部门的同事或相关专业部门的同志对材料进行把关，确保材料的质量。

### 一、要主动请教

遇到解决不了的问题，要主动请行家赐教。有时候，行家的几句话就能画龙点睛，起到点石成金的作用，让人感觉拨云见日、豁然开朗。"听君一席话，胜读十年书"，说的就是这个道理。

### 二、要不怕挑刺

文稿经过细心修改之后，尽可能多地让别人掌掌眼、挑挑刺、淬淬火，借助外人之力帮助找找不足、查漏补缺，特别是高手往往能找出最关键、最核心的问题，经过他们的调整和改动，会让文章的气质和立意有很大变化，也会让我们写稿的人受益匪浅。

### 三、要多学经验

我们起草的材料，经过借助外力修改后，形成的文稿，是再学习、再提高的珍贵教材，从中能清楚地看到自己在写材料中的弱点和差距，这是我们学写材料的一条捷径。所以不能将材料修改完就了事，而是要善于学习其中的修改经验。

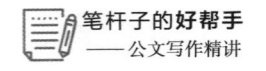

## 第四节　不要只凭感觉

文稿修改工作很重要，有人把它比作文稿写作的"推进器"、提高文稿质量的"美容刀"、文秘人员提高写作能力的"垫脚石"。文稿修改工作不仅仅要重感觉，更要重内容。

### 一、查文章逻辑

一篇文章的逻辑体现在结构上，结构就是一篇文章的框架，像盖房子要搭框架一样。

叶圣陶先生曾经说过："思想是有一条路的，一句一句，一段一段都是有路的，好文章的作者是绝不乱走。"好文章必须有个好逻辑，如果逻辑混乱，那么就会让人理解起来非常困难，整篇文章也会因此大打折扣。因此，我们在修改公文时，首要任务就是看整篇文章的框架结构是否逻辑清晰。

### 二、查语言表达

一要修改错词错字。根据文章所表达的意思或突出强调的内容，准确辨别所用的词语是否正确。从容易出错的原因来查找错别字。如，读音相近、用法不清、字形相似。

二要修改不通顺的语句。写材料运用语言，首先应该要求准确，在准确的基础上，再求简洁、生动。因此，语句通顺合理，这是写材料最起码的要求。不然，不仅影响意义的表达，还会造成各种错误。

三要删掉多余的字句，避免重复。鲁迅的文章，语言十分精练，从不拖泥带水。他说："写完后至少看两遍，竭力将可有可无的字、句、段删去，毫不可惜。"

### 三、查案例数据

公文引用的案例，首要的条件，就是必须准确、真实。不确切的案例，用在公文中轻则会伤害公文的说服力和权威性，重则会给党和国家的工作带来损失和危害。公文引用的数据，也要真实可靠，不得弄虚作假，并应当使用国家法定的计量单位。

二十世纪五十年代末，有些地区和部门，违背实事求是的原则，把一些不切实际的事情写入公文中，如"人有多大胆，地有多大产""小麦亩产12万斤""皮棉亩产5000斤""一棵白菜500斤"，等等，给工作带来很大的影响，其教训是深刻的。因此，在材料修改过程中，必须认真考虑所引用的案例和数据是否准确和真实。凡不准确和翔实的地方，都应该认真地加以修改和更换。

### 四、查固定表达

对领导人讲话、方针政策、法律法规等固定表达内容一定要原汁原味地表达出来，不能有半点差错，尤其不能犯政治性、常识性差错。

平时，我们要注重学习《中国共产党历史》《中国共产党章程》《组织工作实务》《习近平谈治国理政》等，在运用有关素材时，不能仅仅依靠在互联网上搜索，还要参考权威的文献资料，逐字逐句进行校对核实。

### 五、查标点符号

标点符号是书面语言的"五官"，也是材料不可缺少的有机组成部

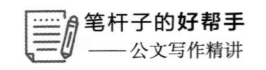

分。有时候，一个标点符号就可以改变文字原意。写材料，就要根据不同情况，准确恰当地使用标点符号。

在材料写作中，标点符号使用上的毛病，存在着各种不同的情况，我们在修改材料时，绝不要忽视标点符号的修正，不然就会给材料带来不利的影响，使材料不能很好地发挥其应有的作用。

## 第五节　不要只看内容

在机关，有相当一部分材料是法定公文，这些法定公文相比于普通文稿，有特殊的校对方法和需要注意的地方，不能只看内容有无错误，还要看格式、密级、版头等是否正确。

### 一、格式要符合标准

为提高党政机关公文的规范化、标准化水平，2012年6月29日，国家质量监督检验检疫总局、国家标准化管理委员会发布了《党政机关公文格式》国家标准（GB/T 9704–2012）。该标准于2012年7月1日起正式实施。此标准是对国标《国家行政机关公文格式》（GB/T 9704–1999）的修订，对公文用纸、印刷装订、格式要素、式样等作出了具体规定。我们在撰写法定公文时要严格执行。

### 二、序号要符合要求

正确地运用序号，能使文章层次清楚，逻辑分明，便于读者阅读和理解。数字序号的级别顺序为：第一层次是一、二、三、四；第二层次是（一）（二）（三）（四）；第三层次是1.2.3.4；第四层次是（1）（2）（3）

（4）。数字序号的运用不规范或者混乱，用得不得当，会影响逻辑和内容，甚至会影响文章的质量。我们在校对文章的时候，要避免层次大小不分、中文数字与阿拉伯数字混用、前后序号形式不统一等现象的发生。

### 三、密级要准确恰当

《党政机关公文处理工作条例》（中办发〔2012〕14号）明确规定："公文的秘密等级和保密的期限。涉密公文应当根据涉密程度分别标注'绝密''机密''秘密'和保密期限。"各级国家机关、单位对所产生的国家秘密事项，应当按照国家秘密及其密级具体范围的规定确定密级。我们在校对过程中要看那些属于党和国家秘密事项的文件，是否遵循《中华人民共和国保守国家秘密法》及有关法律法规的规定标注密级。

### 四、版头要准确无误

版头校对就是对文件发布形式进行校对。以湖北省委文件为例，常用的版头有"中共湖北省委文件""中国共产党湖北省委员会（文种）""中共湖北省委办公厅文件""中共湖北省委办公厅（文种）"，与之对应的发文字号分别是"鄂发""鄂委""鄂办发""鄂委厅字"。由于各个版头相似，很容易误用版头。因此，在校对时，一定要查看清楚，避免弄错。

**延伸阅读**

乔木同志：

除四害通知尚有缺点，不扎实，轻飘一些。这是因为没有研究各地已经取得的丰富经验，你脑子里对此问题还很不懂的原故。现在有大批经验了，可用一个星期的时间将全国各省、市、县见于报纸的经验一齐找来仔细看一遍，边看边想，形成成套思想，然后下笔成文。至少改三遍、五遍，找彭真、刘仁及北京有经验的除四害干部二三人及科学家二三人开一二次会，发表意见，修正文件，字斟句酌，逻辑清楚，文字兴致勃勃。文件可以长一点，达一千字至一千字左右也可以。总之使人看了感觉解决问题，百倍信心，千钧干劲，行动起来。内容要把人人振奋，改造国家，带动消灭人病、牲口病、作物病的道理讲清楚，这是理论。然后讲办法，也要讲得入清入理，使人觉得切实可行，没有外行话。要写这一部分，也要认真研究，下苦功夫钻一下。然后讲到书记动手，报纸、刊物、广播、定期扫除、定期检查等事，作为结束。两星期内写好、通过、发出也就好了。送我看一次。莫斯科讲话，请打字送我再看一次，还觉得有需要修改之处。

毛泽东

十二月二十五日八时[1]

---

[1]《毛泽东文集》第7卷，人民出版社1999年版，第336–337页。

# 第十章
# 从身体上保养到位

写材料是一项高强度的"精力+脑力+体力"劳动，如果不加以注意，身体很容易出毛病，什么颈椎病、血脂高、血压高等疾病就来了。

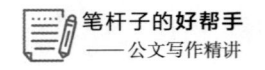

## 第一节　引起重视

俗话说，没有"德"的干部就是"危险品"，没有"智"的干部就是"次品"，没有"体"的干部就是"废品"。西方著名哲学家赫拉克利特说："如果没有健康，智慧就无法表露，文化就无法施展，力量就无法战斗，知识就无法利用。"身体健康才能挑起家庭、事业的重担。

习近平总书记曾意味深长地说："健康是幸福生活最重要的指标，健康是1，其他是后面的0，没有1，再多的0也没有意义。"的确，没有健康的身体，一切都无从谈起。

毛泽东也曾说过："身体是革命的本钱。"他一直非常重视身体健康，早在长沙第一师范求学时，他就酷爱运动。他经常进行冷水浴、风浴、雨浴、日光浴、登山、露宿、远足等活动，还自创了"六段锦"体操来锻炼身体，到了七十岁还能横渡长江。

1917年4月1日，毛泽东以"二十八画生"为笔名在《新青年》发表了《体育之研究》的著名文章，号召中国年轻人"文明其精神，野蛮其体魄"。并指出："国力弱，武风不振，民族之体质，日趋轻细，此甚可忧之现象也。"他认为体育的作用在于能"强筋骨""增知识""调感情""强意志"，展示了毛泽东早期"健身强国"的体育思想。

无论在艰苦卓绝的战争年代，还是在被美苏压制的社会主义建设年代，毛泽东承受住了无比巨大的心理压力和工作强度，这都要得益于他坚持锻炼造就的健康体魄。

相反，诸葛亮的"出师未捷身先死"，孙中山的"革命尚未成功，同志仍须努力"，还有任弼时因为身体原因，没有参加开国大典，这些都实属一大遗憾。

历史的教训值得我们后人记取。治理国家、管理社会、服务人民需要具有健康身体的领导干部。

徐特立同志说过:"一个人的身体,绝不是个人的,要把它看作是社会的宝贵财富。凡是有志为社会出力,为国家成大事的青年,一定要十分珍视自己的身体健康。"徐老在57岁参加长征时,作为队伍中年龄较大的一位同志,不但坚持走完了全程,还经常帮助其他有困难的同志。

1943年2月中旬,习仲勋调任绥德地委书记兼绥德警备司令部政委。在机关生产动员会上,他带头承诺,要努力加强身体锻炼,争取不花公家一分药费,告诫广大干部,身体是革命的本钱,要加强身体锻炼,更好地建设祖国。

习老的承诺是面明镜,一方面表态要加强身体锻炼,另一方面表明了不给国家添麻烦的决心,为广大党员干部树立了榜样。

不会管理自己身体的人,又如何管理好他人;经营不好自己健康的人,又如何经营好他的事业。

无论是领导干部,还是"笔杆子",都应当强化"我锻炼、我健康、我幸福"的意识,少应酬,多锻炼,调整好自己的作息习惯,早睡早起,注意饮食的合理搭配,以最佳的状态投身到祖国的建设中。

## 第二节 分清主次

毛泽东非常强调,不论解决任何问题,都应用全力找出该问题的主要矛盾,一旦抓住这个主要矛盾,一切问题就会迎刃而解。

在日常工作中,毛泽东也总是要分清事情的主次和轻重缓急,区别对待。他曾举黄河急流中有经验的船夫为例说：如果船夫时时处处都很紧张，弄得很疲劳，真遇到紧要的时候反而会使不上力了。他主张，一个时期总要有个重点。①

1953年4月26日，他在致李烛尘的信中写道："工作虽多，可以安排一下，一段时间内只处理一个主要问题，这样也就会不觉得太忙了。"

大多数"笔杆子"都很忙，可谓"两眼一睁，忙到熄灯"。"笔杆子"固然要勤政敬业，但其中不乏少数"笔杆子"在日常事务中，眉毛胡子一把抓，看上去很忙，但成效不显。

"笔杆子"要按照轻重缓急和"二八法则"，妥善写好材料、干好工作，尤其是重点材料和重点工作。原则上领导交办的各项工作，都应如履薄冰、妥善完成。建立一个好的印象需要很长时间，但留下一个坏的印象几秒钟就够了。材料和事务性工作都符合"二八法则"，大约20%很重要，大约80%一般重要。要学着把80%精力投放到大家关注的地方，投放到磨炼一技之长的地方，也就是那20%很重要的地方。剩下的20%精力，兼顾好其他工作，但也应谨小慎微，别捅出大娄子。

## 第三节　劳逸结合

孔子所说的"游于艺"就是指要以轻松活泼的姿态去品味人生，悠然地嬉游于各种艺术、技艺的享受中。一些人批评儒家讲道德过于严肃呆板，缺乏轻松活泼的一面。其实，孔子的生活与生命是丰富多彩的，充满了艺术的情调，他精通乐理，非常会弹琴，经常用音乐来调节自己的情绪，抒发心情。今天的人们往往重视实用技术的训练，漠视艺术的

---

① 金冲及：《毛泽东工作方法的几个特点》，《人民日报》2013年12月27日07版。

修为、情操的陶冶，这样的生活是非常无趣的。

## 一、朋友多一点

爱因斯坦曾经说过："世间最美好的东西，莫过于有几个头脑和心地都很正直的严正的朋友。"品行端正，优秀的朋友，不仅是物质上的财富，也是精神上的财富。朋友多不仅会使自己的一些路变得好走，而且还会使自己少一些孤单感。倘若搞不好人际关系，将对我们的工作、生活及心理健康有不良的影响。因此，"笔杆子"在工作和生活的同时，也要拿出一片诚心去结交一些优秀的朋友，有闲喝喝茶，无事聊聊天。

## 二、爱好广一点

广泛的兴趣爱好，能让人保持年轻的心态，忽略年龄的限制。一个人如果兴趣广泛，各行各业都有所涉及，自己的生活也会多姿多彩，每天的心情也会有不一样的感觉，思考问题的层面不一样，会考虑得更加周到一些，会避免很多不可预计的事情发生。对于"笔杆子"来说，也应该拥有广泛的兴趣爱好，从而保持愉快心情，扩大视野，提升写作的创造力。

## 三、旅游要一点

圣·奥古斯丁说："世界是一本书，而不旅行的人只读了其中的一页。"俗话也说："读万卷书不如行万里路。"旅游让人眼界开阔，看到更远更广的世界。旅游也让人精神饱满，身心愉悦。节假日里，"笔杆子"要是没有事情，就可以选择出去旅游，说不定会让自己视野更加开阔，思想更加敏捷，心情更加愉悦。

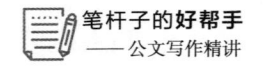

## 第四节　注重养生

健康不是一切，但失去健康就会失去一切，身体是革命的本钱，没有健康的身体一切的一切都等于零。因此，"笔杆子"一定要注重保养好自己的身体。

### 一、香烟戒一点

吸烟可以消除疲劳，增加注意力和调节人的情绪，因此，很多"笔杆子"喜欢抽烟，有的甚至在写材料时是一根接一根地抽，这样对身体伤害特别的大。"吸烟有害健康"是公认的事实。因此，爱好抽烟的"笔杆子"，为了提神的话可以喝喝茶，尽量不要抽烟。

### 二、饮酒少一点

虽然说"小酒怡情"，但是酗酒的危害是非常大的，长期酗酒会对身体造成一系列的伤害。目前，全国多地已出台"禁酒令"，对"笔杆子"来说是一件幸事。如果万不得已，在不违反相关规定的场合，需要饮酒的话，"笔杆子"喝酒应该适可而止，切不可酗酒。

### 三、油盐少一点

重盐重油的菜肴因为口感的优质更受人青睐，一些人在日常做饭过程中会不自觉地加重盐等调味料的分量和比例。但是万事皆有度，长期重油重盐饮食，会加重身体的负担，从而引起一些疾病。清淡的食物更有利"笔杆子"的身体健康。

### 四、熬夜少一点

熬夜在影响身体健康的同时，也会降低工作效率。"笔杆子"平时要注重学习，不断提升自身能力水平，争取在不熬夜的情况下把材料完成。太过疲惫的时候，要晾一晾材料，睡好了思维更灵活，效率可能更高。如果必须要熬夜奋战，那么尽量做到及时补觉。

### 五、吃得杂一点

饮食能养生治病，亦能伤身致病。科学饮食就是食用多种多样的食物，以获得人体所需的各种营养成分。不要总是大鱼大肉，"笔杆子"也要吃一些粗细粮，粗粮的好处在于营养丰富，而营养丰富的原因在于其加工简单，许多营养成分保存完整，没有受到人为破坏。

### 六、喝水多一点

水是生命之源，喝水不仅对身体好，也能美容养颜，很多人都听说过早晨喝一杯水对身体有好处。"笔杆子"在写材料时，不能因为繁忙就忘记了喝水。

### 七、饮食热一点

中医很讲究的就是禁忌生冷的食物，尤其是对于许多体内偏寒的朋友们来说，如果吃一些生冷食物的话，对身体来说是大忌，生冷食品会危害身体健康，有时还会诱发疾病。因此，"笔杆子"在平时要尽量避免吃生冷的食品。

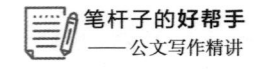

### 八、枸杞泡一点

网上有这么一句玩笑话说："人到中年不得已，保温杯里泡枸杞。"调侃归调侃，但同时也反映出枸杞在"养生界"的重要地位，其养生作用可以说是深入人心。枸杞一年四季都可以饮用，"笔杆子"可以适量的用枸杞泡水喝。

### 九、健身多一点

生命在于运动。2022年，因为直播健身而"火"的明星刘畊宏，让人很难相信他已经50岁了，身体状态好得像20岁，真像他写的那本书名一样，健身，就能改变人生！"笔杆子"在不忙的时候，要多去跑跑步，健健身，把自己的身体锻炼好。

### 十、体检勤一点

一般来说，病情发现得越早，治愈率就越高，等到病情恶化到无法收拾，那就为时已晚。每年，"笔杆子"都要给自己安排一次体检，如果查出了问题，也可以及时对症下药，尽早根治。如果没有问题，那也皆大欢喜。

## 第五节　调好心态

"心病"是疾病的导火索。有位哲人说："既然无法改变现实，那么只有改变自己。"只要有良好的心态，我们每天才能保持饱满的心情，工作起来的效率也会越高。

## 一、欲望少一点

人的欲望是永远无法满足的，如同多米诺骨牌，打开一扇门，紧接着其他的门跟着就打开了。欲望无止境，欲望越高，一旦不能得到满足，形成的反差就越大，心态就越容易失衡。

## 二、知足多一点

容易知足，就容易获得幸福。幸福，不是要有多大的房子，而是房子里有甜甜的笑声。一家人平平安安、健健康康就是幸福，名声再响留不长，钱财再多带不走，最重要的是怎样生活。知足，就是幸福。

## 三、生气少一点

不管我们因为什么生气，到头来受伤的还是自己。生活中难免出现忧愁，只要我们保持乐观的心态，凡事看开一点，忧愁就会"烟消云散"。所以，遇到紧急之事，要淡定；遇到为难之事，要清醒。遇到气愤之事，要想得开放得下、不急躁、不找气、不生气、不发火。

## 四、微笑多一点

开心是一天，不开心也是一天，你若乐观，生活如糖甜，你若悲观，生活如嚼蜡。俗话说："笑一笑，十年少。"笑容是最好的保养品，是最便宜的冻龄秘方。如果我们每天多一点微笑，就多一份快乐。

## 五、攀比少一点

如果盲目攀比，就会"人比人，气死人。"很多人都是由于羡慕别人，而始终把自己当成旁观者，越是这样，越是会把自己掉进一个深渊。我们要多和自己竞争，没有必要嫉妒别人，也没必要羡慕别人。如果跟下岗工人比待遇，跟农民兄弟比收入，跟先进人物比贡献，跟自己过去比进步，心态就能平衡，怨气就自然消除。

## 六、心放宽一点

人生路上难免有荆棘，可这也只是一些插曲，并不能代表全部，更无法将美好的风景全部抹杀。不要对一些事耿耿于怀，过去了就让它过去，这样才会少去许多烦恼，心情才能舒畅。

## 附录一

# 党政机关公文处理工作条例

### 第一章 总 则

**第一条** 为了适应中国共产党机关和国家行政机关（以下简称党政机关）工作需要，推进党政机关公文处理工作科学化、制度化、规范化，制定本条例。

**第二条** 本条例适用于各级党政机关公文处理工作。

**第三条** 党政机关公文是党政机关实施领导、履行职能、处理公务的具有特定效力和规范体式的文书，是传达贯彻党和国家的方针政策，公布法规和规章，指导、布置和商洽工作，请示和答复问题，报告、通报和交流情况等的重要工具。

**第四条** 公文处理工作是指公文拟制、办理、管理等一系列相互关联、衔接有序的工作。

**第五条** 公文处理工作应当坚持实事求是、准确规范、精简高效、安全保密的原则。

**第六条** 各级党政机关应当高度重视公文处理工作，加强组织领导，强化队伍建设，设立文秘部门或者由专人负责公文处理工作。

**第七条** 各级党政机关办公厅（室）主管本机关的公文处理工作，并对下级机关的公文处理工作进行业务指导和督促检查。

### 第二章 公文种类

**第八条** 公文种类主要有：

（一）决议。适用于会议讨论通过的重大决策事项。

（二）决定。适用于对重要事项作出决策和部署、奖惩有关单位和人员、变更或者撤销下级机关不适当的决定事项。

（三）命令（令）。适用于公布行政法规和规章、宣布施行重大强制性措施、批准授予和晋升衔级、嘉奖有关单位和人员。

（四）公报。适用于公布重要决定或者重大事项。

（五）公告。适用于向国内外宣布重要事项或者法定事项。

（六）通告。适用于在一定范围内公布应当遵守或者周知的事项。

（七）意见。适用于对重要问题提出见解和处理办法。

（八）通知。适用于发布、传达要求下级机关执行和有关单位周知或者执行的事项，批转、转发公文。

（九）通报。适用于表彰先进、批评错误、传达重要精神和告知重要情况。

（十）报告。适用于向上级机关汇报工作、反映情况，回复上级机关的询问。

（十一）请示。适用于向上级机关请求指示、批准。

（十二）批复。适用于答复下级机关请示事项。

（十三）议案。适用于各级人民政府按照法律程序向同级人民代表大会或者人民代表大会常务委员会提请审议事项。

（十四）函。适用于不相隶属机关之间商洽工作、询问和答复问题、请求批准和答复审批事项。

（十五）纪要。适用于记载会议主要情况和议定事项。

## 第三章　公文格式

第九条　公文一般由份号、密级和保密期限、紧急程度、发文机关标志、发文字号、签发人、标题、主送机关、正文、附件说明、发文机关署名、成文日期、印章、附注、附件、抄送机关、印发机关和印发日期、页码等组成。

（一）份号。公文印制份数的顺序号。涉密公文应当标注份号。

（二）密级和保密期限。公文的秘密等级和保密的期限。涉密公文应当根据涉密程度分别标注"绝密""机密""秘密"和保密期限。

（三）紧急程度。公文送达和办理的时限要求。根据紧急程度，紧急公文应当分别标注"特急""加急"，电报应当分别标注"特提""特急""加急""平急"。

（四）发文机关标志。由发文机关全称或者规范化简称加"文件"二字组成，也可以使用发文机关全称或者规范化简称。联合行文时，发文机关标志可以并用联合发文机关名称，也可以单独用主办机关名称。

（五）发文字号。由发文机关代字、年份、发文顺序号组成。联合行文时，使用主办机关的发文字号。

（六）签发人。上行文应当标注签发人姓名。

（七）标题。由发文机关名称、事由和文种组成。

（八）主送机关。公文的主要受理机关，应当使用机关全称、规范化简称或者同类型机关统称。

（九）正文。公文的主体，用来表述公文的内容。

（十）附件说明。公文附件的顺序号和名称。

（十一）发文机关署名。署发文机关全称或者规范化简称。

（十二）成文日期。署会议通过或者发文机关负责人签发的日期。联合行文时，署最后签发机关负责人签发的日期。

（十三）印章。公文中有发文机关署名的，应当加盖发文机关印章，并与署名机关相符。有特定发文机关标志的普发性公文和电报可以不加

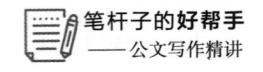

盖印章。

（十四）附注。公文印发传达范围等需要说明的事项。

（十五）附件。公文正文的说明、补充或者参考资料。

（十六）抄送机关。除主送机关外需要执行或者知晓公文内容的其他机关，应当使用机关全称、规范化简称或者同类型机关统称。

（十七）印发机关和印发日期。公文的送印机关和送印日期。

（十八）页码。公文页数顺序号。

**第十条** 公文的版式按照《党政机关公文格式》国家标准执行。

**第十一条** 公文使用的汉字、数字、外文字符、计量单位和标点符号等，按照有关国家标准和规定执行。民族自治地方的公文，可以并用汉字和当地通用的少数民族文字。

**第十二条** 公文用纸幅面采用国际标准 A4 型。特殊形式的公文用纸幅面，根据实际需要确定。

## 第四章 行文规则

**第十三条** 行文应当确有必要，讲求实效，注重针对性和可操作性。

**第十四条** 行文关系根据隶属关系和职权范围确定。一般不得越级行文，特殊情况需要越级行文的，应当同时抄送被越过的机关。

**第十五条** 向上级机关行文，应当遵循以下规则：

（一）原则上主送一个上级机关，根据需要同时抄送相关上级机关和同级机关，不抄送下级机关。

（二）党委、政府的部门向上级主管部门请示、报告重大事项，应当经本级党委、政府同意或者授权；属于部门职权范围内的事项应当直接报送上级主管部门。

（三）下级机关的请示事项，如需以本机关名义向上级机关请示，应当提出倾向性意见后上报，不得原文转报上级机关。

（四）请示应当一文一事。不得在报告等非请示性公文中夹带请示事项。

（五）除上级机关负责人直接交办事项外，不得以本机关名义向上级机关负责人报送公文，不得以本机关负责人名义向上级机关报送公文。

（六）受双重领导的机关向一个上级机关行文，必要时抄送另一个上级机关。

第十六条　向下级机关行文，应当遵循以下规则：

（一）主送受理机关，根据需要抄送相关机关。重要行文应当同时抄送发文机关的直接上级机关。

（二）党委、政府的办公厅（室）根据本级党委、政府授权，可以向下级党委、政府行文，其他部门和单位不得向下级党委、政府发布指令性公文或者在公文中向下级党委、政府提出指令性要求。需经政府审批的具体事项，经政府同意后可以由政府职能部门行文，文中须注明已经政府同意。

（三）党委、政府的部门在各自职权范围内可以向下级党委、政府的相关部门行文。

（四）涉及多个部门职权范围内的事务，部门之间未协商一致的，不得向下行文；擅自行文的，上级机关应当责令其纠正或者撤销。

（五）上级机关向受双重领导的下级机关行文，必要时抄送该下级机关的另一个上级机关。

第十七条　同级党政机关、党政机关与其他同级机关必要时可以联合行文。属于党委、政府各自职权范围内的工作，不得联合行文。

党委、政府的部门依据职权可以相互行文。

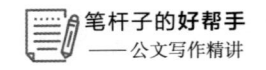

部门内设机构除办公厅（室）外不得对外正式行文。

## 第五章 公文拟制

**第十八条** 公文拟制包括公文的起草、审核、签发等程序。

**第十九条** 公文起草应当做到：

（一）符合党的理论路线方针政策和国家法律法规，完整准确体现发文机关意图，并同现行有关公文相衔接。

（二）一切从实际出发，分析问题实事求是，所提政策措施和办法切实可行。

（三）内容简洁，主题突出，观点鲜明，结构严谨，表述准确，文字精练。

（四）文种正确，格式规范。

（五）深入调查研究，充分进行论证，广泛听取意见。

（六）公文涉及其他地区或者部门职权范围内的事项，起草单位必须征求相关地区或者部门意见，力求达成一致。

（七）机关负责人应当主持、指导重要公文起草工作。

**第二十条** 公文文稿签发前，应当由发文机关办公厅（室）进行审核。审核的重点是：

（一）行文理由是否充分，行文依据是否准确。

（二）内容是否符合党的理论路线方针政策和国家法律法规；是否完整准确体现发文机关意图；是否同现行有关公文相衔接；所提政策措施和办法是否切实可行。

（三）涉及有关地区或者部门职权范围内的事项是否经过充分协商并达成一致意见。

（四）文种是否正确，格式是否规范；人名、地名、时间、数字、段落顺序、引文等是否准确；文字、数字、计量单位和标点符号等用法是否规范。

（五）其他内容是否符合公文起草的有关要求。

需要发文机关审议的重要公文文稿，审议前由发文机关办公厅（室）进行初核。

**第二十一条** 经审核不宜发文的公文文稿，应当退回起草单位并说明理由；符合发文条件但内容需作进一步研究和修改的，由起草单位修改后重新报送。

**第二十二条** 公文应当经本机关负责人审批签发。重要公文和上行文由机关主要负责人签发。党委、政府的办公厅（室）根据党委、政府授权制发的公文，由受权机关主要负责人签发或者按照有关规定签发。签发人签发公文，应当签署意见、姓名和完整日期；圈阅或者签名的，视为同意。联合发文由所有联署机关的负责人会签。

## 第六章 公文办理

**第二十三条** 公文办理包括收文办理、发文办理和整理归档。

**第二十四条** 收文办理主要程序是：

（一）签收。对收到的公文应当逐件清点，核对无误后签字或者盖章，并注明签收时间。

（二）登记。对公文的主要信息和办理情况应当详细记载。

（三）初审。对收到的公文应当进行初审。初审的重点是：是否应当由本机关办理，是否符合行文规则，文种、格式是否符合要求，涉及其他地区或者部门职权范围内的事项是否已经协商、会签，是否符合公文起草的其他要求。经初审不符合规定的公文，应当及时退回来文单位并说明理由。

（四）承办。阅知性公文应当根据公文内容、要求和工作需要确定范围后分送。批办性公文应当提出拟办意见报本机关负责人批示或者转有关部门办理；需要两个以上部门办理的，应当明确主办部门。紧急公文应当明确办理时限。承办部门对交办的公文应当及时办理，有明确办理时限要求的应当在规定时限内办理完毕。

（五）传阅。根据领导批示和工作需要将公文及时送传阅对象阅知或者批示。办理公文传阅应当随时掌握公文去向，不得漏传、误传、延误。

（六）催办。及时了解掌握公文的办理进展情况，督促承办部门按期办结。紧急公文或者重要公文应当由专人负责催办。

（七）答复。公文的办理结果应当及时答复来文单位，并根据需要告知相关单位。

第二十五条　发文办理主要程序是：

（一）复核。已经发文机关负责人签批的公文，印发前应当对公文的审批手续、内容、文种、格式等进行复核；需作实质性修改的，应当报原签批人复审。

（二）登记。对复核后的公文，应当确定发文字号、分送范围和印制份数并详细记载。

（三）印制。公文印制必须确保质量和时效。涉密公文应当在符合保密要求的场所印制。

（四）核发。公文印制完毕，应当对公文的文字、格式和印刷质量进行检查后分发。

第二十六条　涉密公文应当通过机要交通、邮政机要通信、城市机要文件交换站或者收发件机关机要收发人员进行传递，通过密码电报或者符合国家保密规定的计算机信息系统进行传输。

**第二十七条** 需要归档的公文及有关材料，应当根据有关档案法律法规以及机关档案管理规定，及时收集齐全、整理归档。两个以上机关联合办理的公文，原件由主办机关归档，相关机关保存复制件。机关负责人兼任其他机关职务的，在履行所兼职务过程中形成的公文，由其兼职机关归档。

## 第七章 公文管理

**第二十八条** 各级党政机关应当建立健全本机关公文管理制度，确保管理严格规范，充分发挥公文效用。

**第二十九条** 党政机关公文由文秘部门或者专人统一管理。设立党委（党组）的县级以上单位应当建立机要保密室和机要阅文室，并按照有关保密规定配备工作人员和必要的安全保密设施设备。

**第三十条** 公文确定密级前，应当按照拟定的密级先行采取保密措施。确定密级后，应当按照所定密级严格管理。绝密级公文应当由专人管理。

公文的密级需要变更或者解除的，由原确定密级的机关或者其上级机关决定。

**第三十一条** 公文的印发传达范围应当按照发文机关的要求执行；需要变更的，应当经发文机关批准。

涉密公文公开发布前应当履行解密程序。公开发布的时间、形式和渠道，由发文机关确定。

经批准公开发布的公文，同发文机关正式印发的公文具有同等效力。

**第三十二条** 复制、汇编机密级、秘密级公文，应当符合有关规定并经本机关负责人批准。绝密级公文一般不得复制、汇编，确有工作需要的，应当经发文机关或者其上级机关批准。复制、汇编的公文视同原

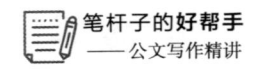

件管理。

复制件应当加盖复制机关戳记。翻印件应当注明翻印的机关名称、日期。汇编本的密级按照编入公文的最高密级标注。

第三十三条　公文的撤销和废止，由发文机关、上级机关或者权力机关根据职权范围和有关法律法规决定。公文被撤销的，视为自始无效；公文被废止的，视为自废止之日起失效。

第三十四条　涉密公文应当按照发文机关的要求和有关规定进行清退或者销毁。

第三十五条　不具备归档和保存价值的公文，经批准后可以销毁。销毁涉密公文必须严格按照有关规定履行审批登记手续，确保不丢失、不漏销。个人不得私自销毁、留存涉密公文。

第三十六条　机关合并时，全部公文应当随之合并管理；机关撤销时，需要归档的公文经整理后按照有关规定移交档案管理部门。

工作人员离岗离职时，所在机关应当督促其将暂存、借用的公文按照有关规定移交、清退。

第三十七条　新设立的机关应当向本级党委、政府的办公厅（室）提出发文立户申请。经审查符合条件的，列为发文单位，机关合并或者撤销时，相应进行调整。

## 第八章　附　则

第三十八条　党政机关公文含电子公文。电子公文处理工作的具体办法另行制定。

第三十九条　法规、规章方面的公文，依照有关规定处理。外事方面的公文，依照外事主管部门的有关规定处理。

第四十条　其他机关和单位的公文处理工作，可以参照本条例执行。

第四十一条　本条例由中共中央办公厅、国务院办公厅负责解释。

第四十二条　本条例自 2012 年 7 月 1 日起施行。1996 年 5 月 3 日中共中央办公厅发布的《中国共产党机关公文处理条例》和 2000 年 8 月 24 日国务院发布的《国家行政机关公文处理办法》停止执行。

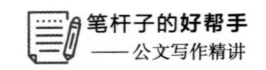

# 附录二

## 党政机关公文格式

（GB/T 9704—2012）

《党政机关公文格式》是由国家质量监督检验检疫总局、国家标准化管理委员会发布的关于党政机关公文通用纸张、排版和印制装订要求、公文格式各要素编排规则等的国家标准，是党政机关公文规范化的重要依据，适用于各级党政机关制发的公文。其他机关和单位的公文可以参照执行。

### 前　言

本标准按照 GB/T 1.1—2009 给出的规则起草。

本标准根据中共中央办公厅、国务院办公厅印发的《党政机关公文处理工作条例》的有关规定对 GB/T 9704—1999《国家行政机关公文格式》进行修订。本标准相对 GB/T 9704—1999 主要作如下修订：

a）标准名称改为《党政机关公文格式》，标准英文名称也作相应修改；

b）适用范围扩展到各级党政机关制发的公文；

c）对标准结构进行适当调整；

d）对公文装订要求进行适当调整；

e）增加发文机关署名和页码两个公文格式要素，删除主题词格式要素，并对公文格式各要素的编排进行较大调整；

f）进一步细化特定格式公文的编排要求；

g）新增联合行文公文首页版式、信函格式首页、命令（令）格式首页版式等式样。

本标准中公文用语与《党政机关公文处理工作条例》中的用语一致。

本标准为第二次修订。

本标准由中共中央办公厅和国务院办公厅提出。

本标准由中国标准化研究院归口。

本标准起草单位：中国标准化研究院、中共中央办公厅秘书局、国务院办公厅秘书局、中国标准出版社。

本标准主要起草人：房庆、杨雯、郭道锋、孙维、马慧、张书杰、徐成华、范一乔、李玲。

本标准代替了 GB/T 9704—1999。

GB/T 9704—1999 的历次版本发布情况为：

——GB/T 9704—1988。

## 党政机关公文格式

### 1. 范围

本标准规定了党政机关公文通用的纸张要求、排版和印制装订要求、公文格式各要素的编排规则，并给出了公文的式样。

本标准适用于各级党政机关制发的公文。其他机关和单位的公文可以参照执行。

使用少数民族文字印制的公文，其用纸、幅面尺寸及版面、印制等要求按照本标准执行，其余可以参照本标准并按照有关规定执行。

### 2. 规范性引用文件

下列文件对于本标准的应用是必不可少的。凡是注日期的引用文件，仅所注日期的版本适用于本标准。凡是不注日期的引用文件，其最新版本（包括所有的修改单）适用于本标准。

GB/T 148 印刷、书写和绘图纸幅面尺寸

GB 3100 国际单位制及其应用

GB 3101 有关量、单位和符号的一般原则

GB 3102（所有部分）量和单位

GB/T 15834 标点符号用法

GB/T 15835 出版物上数字用法

**3. 术语和定义**

下列术语和定义适用于本标准。

3.1 字 word

标示公文中横向距离的长度单位。在本标准中，一字指一个汉字宽度的距离。

3.2 行 line

标示公文中纵向距离的长度单位。在本标准中，一行指一个汉字的高度加 3 号汉字高度的 7/8 的距离。

**4. 公文用纸主要技术指标**

公文用纸一般使用纸张定量为 $60g/m^2$ ~ $80g/m^2$ 的胶版印刷纸或复印纸。纸张白度 80% ~ 90%，横向耐折度≥15 次，不透明度≥85%，pH 值为 7.5 ~ 9.5。

**5. 公文用纸幅面尺寸及版面要求**

5.1 幅面尺寸

公文用纸采用 GB/T 148 中规定的 A4 型纸，其成品幅面尺寸为：210mm×297mm。

5.2 版面

5.2.1 页边与版心尺寸

公文用纸天头（上白边）为 37mm±1mm，公文用纸订口（左白边）为 28mm±1mm，版心尺寸为 156mm×225mm。

5.2.2 字体和字号

如无特殊说明，公文格式各要素一般用 3 号仿宋体字。特定情况可以作适当调整。

5.2.3 行数和字数

一般每面排 22 行，每行排 28 个字，并撑满版心。特定情况可以作适当调整。

5.2.4 文字的颜色

如无特殊说明，公文中文字的颜色均为黑色。

**6. 印制装订要求**

6.1 制版要求

版面干净无底灰，字迹清楚无断划，尺寸标准，版心不斜，误差不超过 1mm。

6.2 印刷要求

双面印刷；页码套正，两面误差不超过 2mm。黑色油墨应当达到色谱所标 BL100%，红色油墨应当达到色谱所标 Y80%、M80%。印品着墨实、均匀；字面不花、不白、无断划。

6.3 装订要求

公文应当左侧装订，不掉页，两页页码之间误差不超过 4mm，裁切后的成品尺寸允许误差 ±2mm，四角成 90°，无毛茬或缺损。

骑马订或平订的公文应当：

a）订位为两钉外订眼距版面上下边缘各 70mm 处，允许误差 ±4mm；

b）无坏钉、漏钉、重钉，钉脚平伏牢固；

c）骑马订钉锯均订在折缝线上，平订钉锯与书脊间的距离为 3mm~5mm。

包本装订公文的封皮（封面、书脊、封底）与书芯应吻合、包紧、包平、不脱落。

**7. 公文格式各要素编排规则**

7.1 公文格式各要素的划分

本标准将版心内的公文格式各要素划分为版头、主体、版记三部分。公文首页红色分隔线以上的部分称为版头；公文首页红色分隔线（不含）以下、公文末页首条分隔线（不含）以上的部分称为主体；公文末页首条分隔线以下、末条分隔线以上的部分称为版记。

页码位于版心外。

7.2 版头

7.2.1 份号

如需标注份号，一般用 6 位 3 号阿拉伯数字，顶格编排在版心左上角第一行。

7.2.2 密级和保密期限

如需标注密级和保密期限，一般用 3 号黑体字，顶格编排在版心左上角第二行；保密期限中的数字用阿拉伯数字标注。

7.2.3 紧急程度

如需标注紧急程度，一般用 3 号黑体字，顶格编排在版心左上角；如需同时标注份号、密级和保密期限、紧急程度，按照份号、密级和保密期限、紧急程度的顺序自上而下分行排列。

  7.2.4 发文机关标志

  由发文机关全称或者规范化简称加"文件"二字组成，也可以使用发文机关全称或者规范化简称。

  发文机关标志居中排布，上边缘至版心上边缘为35mm，推荐使用小标宋体字，颜色为红色，以醒目、美观、庄重为原则。

  联合行文时，如需同时标注联署发文机关名称，一般应当将主办机关名称排列在前；如有"文件"二字，应当置于发文机关名称右侧，以联署发文机关名称为准上下居中排布。

  7.2.5 发文字号

  编排在发文机关标志下空二行位置，居中排布。年份、发文顺序号用阿拉伯数字标注；年份应标全称，用六角括号"〔〕"括入；发文顺序号不加"第"字，不编虚位（即1不编为01），在阿拉伯数字后加"号"字。

  上行文的发文字号居左空一字编排，与最后一个签发人姓名处在同一行。

  7.2.6 签发人

  由"签发人"三字加全角冒号和签发人姓名组成，居右空一字，编排在发文机关标志下空二行位置。"签发人"三字用3号仿宋体字，签发人姓名用3号楷体字。

  如有多个签发人，签发人姓名按照发文机关的排列顺序从左到右、自上而下依次均匀编排，一般每行排两个姓名，回行时与上一行第一个签发人姓名对齐。

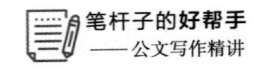

### 7.2.7 版头中的分隔线

发文字号之下 4mm 处居中印一条与版心等宽的红色分隔线。

## 7.3 主体

### 7.3.1 标题

一般用 2 号小标宋体字，编排于红色分隔线下空二行位置，分一行或多行居中排布；回行时，要做到词意完整，排列对称，长短适宜，间距恰当，标题排列应当使用梯形或菱形。

### 7.3.2 主送机关

编排于标题下空一行位置，居左顶格，回行时仍顶格，最后一个机关名称后标全角冒号。如主送机关名称过多导致公文首页不能显示正文时，应当将主送机关名称移至版记，标注方法见 7.4.2。

### 7.3.3 正文

公文首页必须显示正文。一般用 3 号仿宋体字，编排于主送机关名称下一行，每个自然段左空二字，回行顶格。文中结构层次序数依次可以用"一、""（一）""1.""（1）"标注；一般第一层用黑体字、第二层用楷体字、第三层和第四层用仿宋体字标注。

### 7.3.4 附件说明

如有附件，在正文下空一行左空二字编排"附件"二字，后标全角冒号和附件名称。如有多个附件，使用阿拉伯数字标注附件顺序号（如"附件：1.×××××"）；附件名称后不加标点符号。附件名称较长需回行时，应当与上一行附件名称的首字对齐。

### 7.3.5 发文机关署名、成文日期和印章

#### 7.3.5.1 加盖印章的公文

成文日期一般右空四字编排，印章用红色，不得出现空白印章。

单一机关行文时，一般在成文日期之上、以成文日期为准居中编排发文机关署名，印章端正、居中下压发文机关署名和成文日期，使发文机关署名和成文日期居印章中心偏下位置，印章顶端应当上距正文（或附件说明）一行之内。

联合行文时，一般将各发文机关署名按照发文机关顺序整齐排列在相应位置，并将印章一一对应、端正、居中下压发文机关署名，最后一个印章端正、居中下压发文机关署名和成文日期，印章之间排列整齐、互不相交或相切，每排印章两端不得超出版心，首排印章顶端应当上距正文（或附件说明）一行之内。

7.3.5.2 不加盖印章的公文

单一机关行文时，在正文（或附件说明）下空一行右空二字编排发文机关署名，在发文机关署名下一行编排成文日期，首字比发文机关署名首字右移二字，如成文日期长于发文机关署名，应当使成文日期右空二字编排，并相应增加发文机关署名右空字数。

联合行文时，应当先编排主办机关署名，其余发文机关署名依次向下编排。

7.3.5.3 加盖签发人签名章的公文

单一机关制发的公文加盖签发人签名章时，在正文（或附件说明）下空二行右空四字加盖签发人签名章，签名章左空二字标注签发人职务，以签名章为准上下居中排布。在签发人签名章下空一行右空四字编排成文日期。

联合行文时，应当先编排主办机关签发人职务、签名章，其余机关签发人职务、签名章依次向下编排，与主办机关签发人职务、签名章上下对齐；每行只编排一个机关的签发人职务、签名章；签发人职务应当

— 261 —

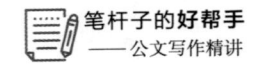

标注全称。

签名章一般用红色。

7.3.5.4 成文日期中的数字

用阿拉伯数字将年、月、日标全，年份应标全称，月、日不编虚位（即 1 不编为 01）。

7.3.5.5 特殊情况说明

当公文排版后所剩空白处不能容下印章或签发人签名章、成文日期时，可以采取调整行距、字距的措施解决。

7.3.6 附注

如有附注，居左空二字加圆括号编排在成文日期下一行。

7.3.7 附件

附件应当另面编排，并在版记之前，与公文正文一起装订。"附件"二字及附件顺序号用 3 号黑体字顶格编排在版心左上角第一行。附件标题居中编排在版心第三行。附件顺序号和附件标题应当与附件说明的表述一致。附件格式要求同正文。

如附件与正文不能一起装订，应当在附件左上角第一行顶格编排公文的发文字号并在其后标注"附件"二字及附件顺序号。

7.4 版记

7.4.1 版记中的分隔线

版记中的分隔线与版心等宽，首条分隔线和末条分隔线用粗线（推荐高度为 0.35mm），中间的分隔线用细线（推荐高度为 0.25mm）。首条分隔线位于版记中第一个要素之上，末条分隔线与公文最后一面的版心下边缘重合。

7.4.2 抄送机关

如有抄送机关，一般用 4 号仿宋体字，在印发机关和印发日期之上一行、左右各空一字编排。"抄送"二字后加全角冒号和抄送机关名称，回行时与冒号后的首字对齐，最后一个抄送机关名称后标句号。

如需把主送机关移至版记，除将"抄送"二字改为"主送"外，编排方法同抄送机关。既有主送机关又有抄送机关时，应当将主送机关置于抄送机关之上一行，之间不加分隔线。

7.4.3 印发机关和印发日期

印发机关和印发日期一般用 4 号仿宋体字，编排在末条分隔线之上，印发机关左空一字，印发日期右空一字，用阿拉伯数字将年、月、日标全，年份应标全称，月、日不编虚位（即 1 不编为 01），后加"印发"二字。

版记中如有其他要素，应当将其与印发机关和印发日期用一条细分隔线隔开。

7.5 页码

一般用 4 号半角宋体阿拉伯数字，编排在公文版心下边缘之下，数字左右各放一条一字线；一字线上距版心下边缘 7mm。单页码居右空一字，双页码居左空一字。公文的版记页前有空白页的，空白页和版记页均不编排页码。公文的附件与正文一起装订时，页码应当连续编排。

**8. 公文中的横排表格**

A4 纸型的表格横排时，页码位置与公文其他页码保持一致，单页码表头在订口一边，双页码表头在切口一边。

**9. 公文中计量单位、标点符号和数字的用法**

公文中计量单位的用法应当符合 GB 3100、GB 3101 和 GB 3102（所

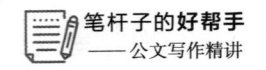

有部分），标点符号的用法应当符合 GB/T 15834，数字用法应当符合 GB/T 15835。

## 10. 公文的特定格式

### 10.1 信函格式

发文机关标志使用发文机关全称或者规范化简称，居中排布，上边缘至上页边为 30mm，推荐使用红色小标宋体字。联合行文时，使用主办机关标志。

发文机关标志下 4mm 处印一条红色双线（上粗下细），距下页边 20mm 处印一条红色双线（上细下粗），线长均为 170mm，居中排布。

如需标注份号、密级和保密期限、紧急程度，应当顶格居版心左边缘编排在第一条红色双线下，按照份号、密级和保密期限、紧急程度的顺序自上而下分行排列，第一个要素与该线的距离为 3 号汉字高度的 7/8。

发文字号顶格居版心右边缘编排在第一条红色双线下，与该线的距离为 3 号汉字高度的 7/8。

标题居中编排，与其上最后一个要素相距二行。

第二条红色双线上一行如有文字，与该线的距离为 3 号汉字高度的 7/8。

首页不显示页码。

版记不加印发机关和印发日期、分隔线，位于公文最后一面版心内最下方。

### 10.2 命令（令）格式

发文机关标志由发文机关全称加"命令"或"令"字组成，居中排布，上边缘至版心上边缘为 20mm，推荐使用红色小标宋体字。

发文机关标志下空二行居中编排令号，令号下空二行编排正文。

签发人职务、签名章和成文日期的编排见 7.3.5.3。

10.3 纪要格式

纪要标志由"××××× 纪要"组成，居中排布，上边缘至版心上边缘为 35mm，推荐使用红色小标宋体字。

标注出席人员名单，一般用 3 号黑体字，在正文或附件说明下空一行左空二字编排"出席"二字，后标全角冒号，冒号后用 3 号仿宋体字标注出席人单位、姓名，回行时与冒号后的首字对齐。

标注请假和列席人员名单，除依次另起一行并将"出席"二字改为"请假"或"列席"外，编排方法同出席人员名单。

纪要格式可以根据实际制定。

11. 式样

A4 型公文用纸页边及版心尺寸见图 1；公文首页版式见图 2；联合行文公文首页版式 1 见图 3；联合行文公文首页版式 2 见图 4；公文末页版式 1 见图 5；公文末页版式 2 见图 6；联合行文公文末页版式 1 见图 7；联合行文公文末页版式 2 见图 8；附件说明页版式见图 9；带附件公文末页版式见图 10；信函格式首页版式见图 11；命令（令）格式首页版式见图 12。

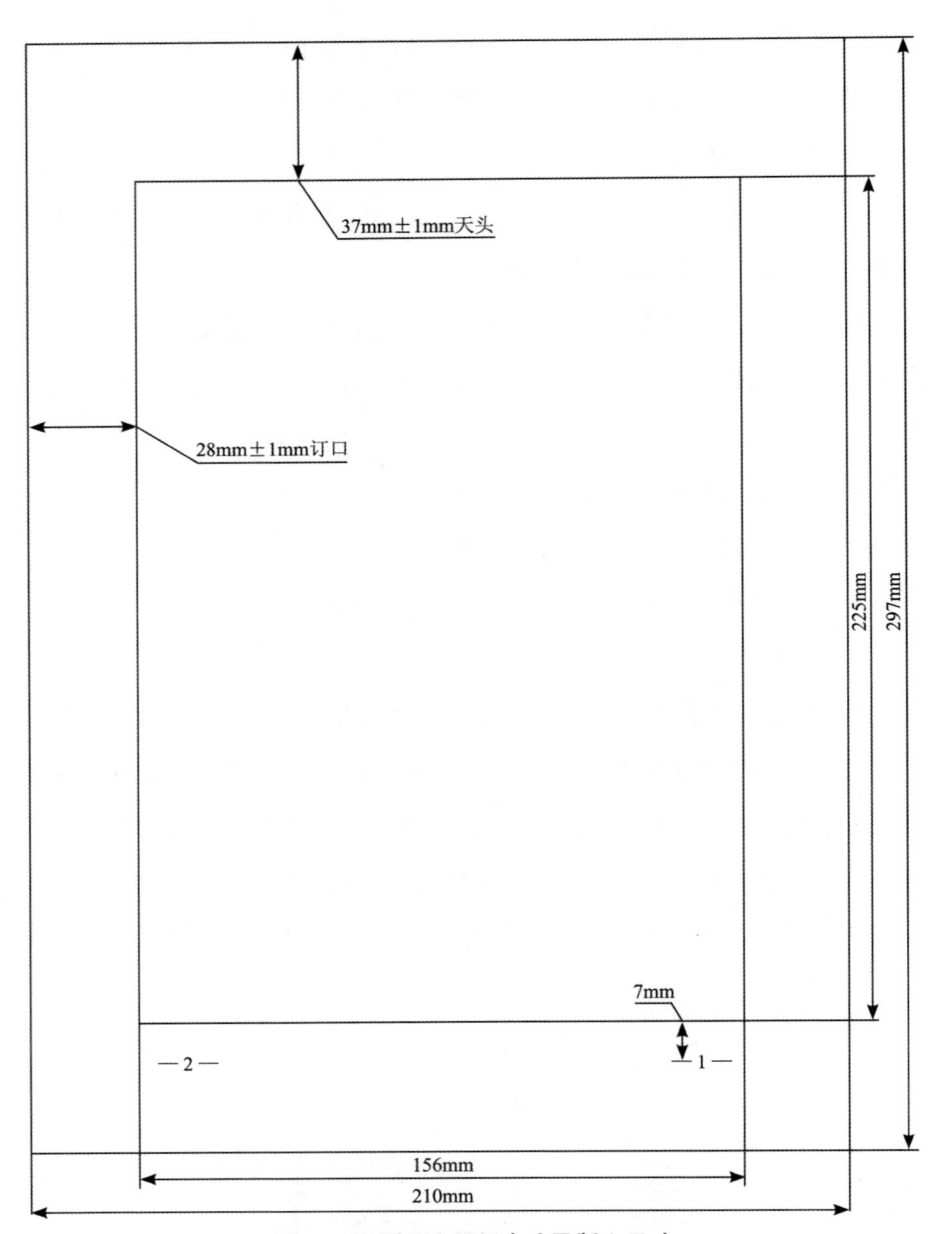

图 1  A4 型公文用纸布边及版心尺寸

```
┌─────────────────────────────────────────┐
│ 000001                                  │
│ 机密★1年                                │
│ 特急                                    │
│                                         │
│         ×××××文件                      │
│                                         │
│         ×××〔2012〕10号                │
├─────────────────────────────────────────┤
│                                         │
│       ×××××关于××××××的通知        │
│                                         │
│ ×××××××：                          │
│     ××××××××××××××××××××× │
│ ×××××××××××××××××××××××× │
│ ××××。                                │
│     ××××××××××××××××××××× │
│ ×××××××××。                        │
│     ×××××××××。                    │
│     ×××××。                          │
│ ×××××××××××××××××××××××× │
│                                         │
│                              — 1 —      │
└─────────────────────────────────────────┘
```

**图 2　公文首页版式**

注：版心实线框仅为示意，在印制公文时并不印出。

```
┌─────────────────────────────────────────┐
│ 000001                                  │
│ 机密★1年                                │
│ 特急                                    │
│                                         │
│        ×  ×  ×  ×  ×  ×                 │
│        ×      ×      ×     文件         │
│        ×  ×  ×  ×  ×  ×                 │
│                                         │
│              ×××〔2012〕10号            │
├─────────────────────────────────────────┤
│                                         │
│         ××××× 关于×××××× 的通知         │
│                                         │
│  ×××××××××：                            │
│       ××××××××××××××××××××             │
│   ×××××××××××××××××××××××              │
│   ×××××××××××××××××××××××              │
│   ×××。                                 │
│   ××××××××××××××××××××××               │
│                                  — 1 —  │
└─────────────────────────────────────────┘
```

图 3　联合行文公文首页版式 1

注：版心实线框仅为示意，在印制公文时并不印出。

```
000001
机    密
特    急

            ××××××
            ×    ×    ×
            ××××××

                        签发人：×××  ×××
×××〔2012〕10号                    ×××
```

×××××关于××××××的请示

××××××××：
　　××××××××××××××××××××××
××××××××××××××××××××××××
××××。
　　××××××××××××××××××××××

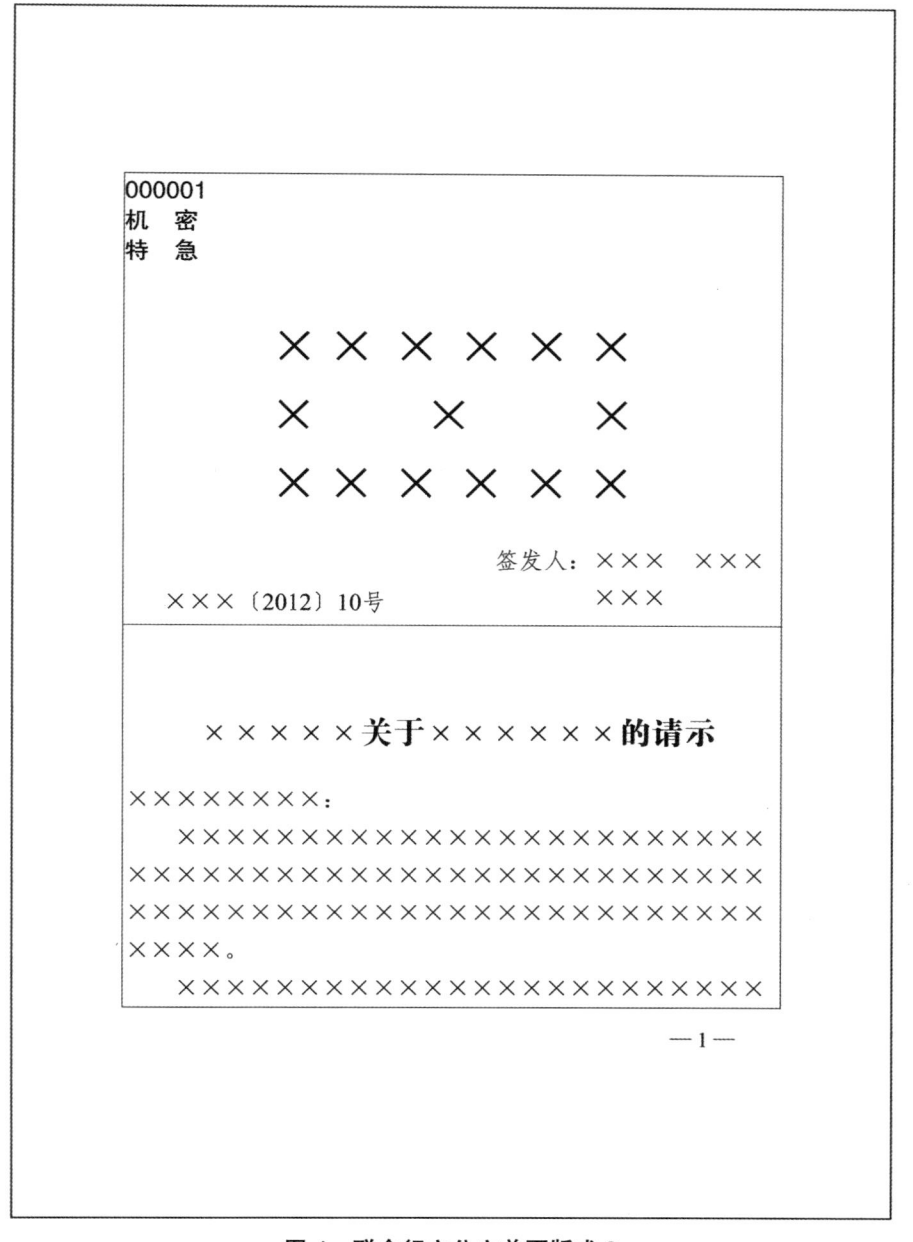

图 4　联合行文公文首页版式 2

注：版心实线框仅为示意，在印制公文时并不印出。

```
××××××××××。
    ××××××××××××××××
××××××××××××××××××××
××××××××。
                              [印章]
                           2012年7月1日


(××××××)




抄送：××××，××××，××××，××××，
     ×××××。
××××××××            2012年7月1日印发
```

**图5　公文末页版式1**

注：版心实线框仅为示意，在印制公文时并不印出。

附录二　党政机关公文格式

×××××××××××。
　×××××××××××××××××××××
×××××××××××××××××××××
××××××××。

　　　　　　　　　　　×××××××××
　　　　　　　　　　　2012年7月1日

(××××××)

抄送：××××，××××，××××，××××，
　　　×××××。

××××××××××　　　　　　2012年7月1日印发

— 2 —

**图 6　公文末页版式 2**

注：版心实线框仅为示意，在印制公文时并不印出。

— 271 —

图 7 联合行文公文末页版式 1

注：版心实线框仅为示意，在印制公文时并不印出。

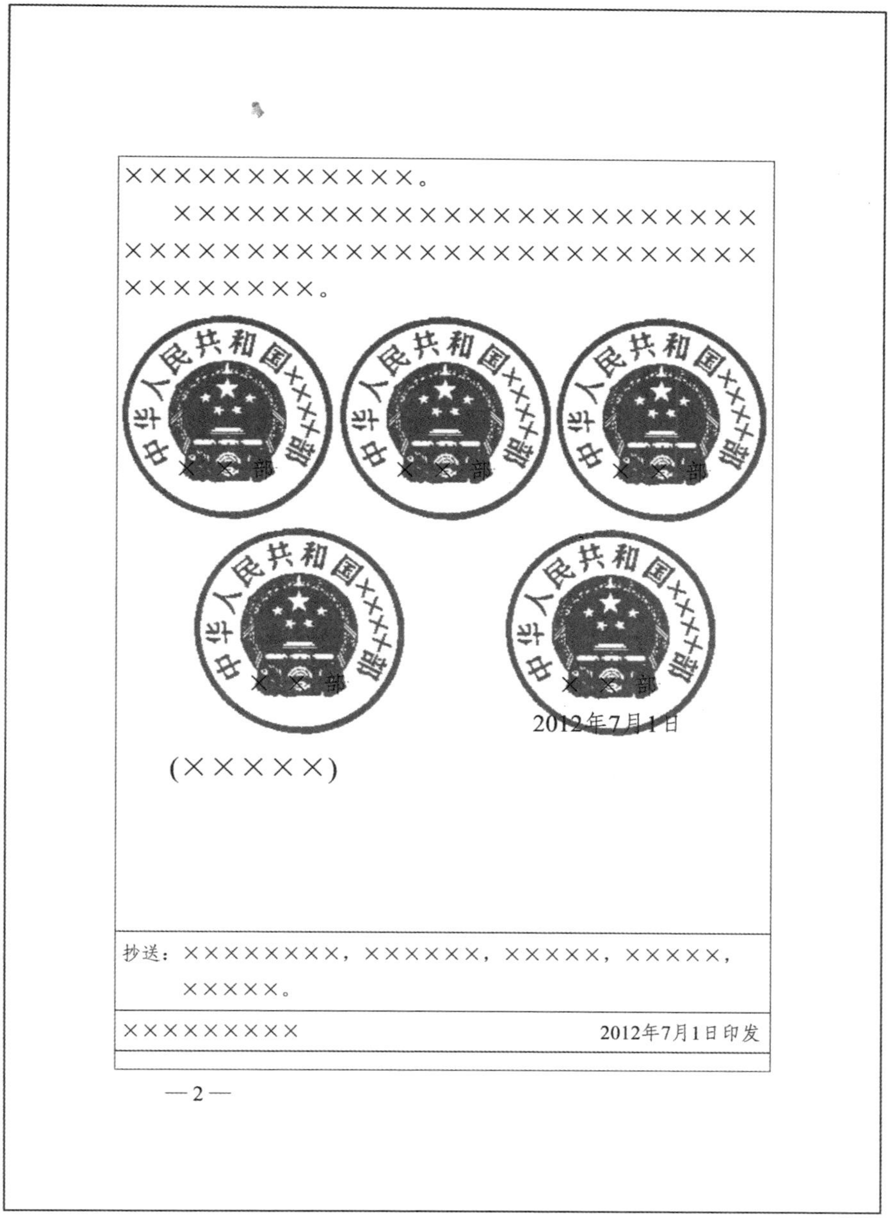

图8　联合行文公文末页版式2

注：版心实线框仅为示意，在印制公文时并不印出。

```
××××××××××。
    ××××××××××××××××××××
××××××××××××××××××××××××
××××××。
    附件：1. ××××××××××××
           ××××
        2. ××××××××××

                        ××××××
                        ×  ×  ×
                        2012年7月1日


(×××××)




— 2 —
```

**图 9　附件说明页版式**

注：版心实线框仅为示意，在印制公文时并不印出。

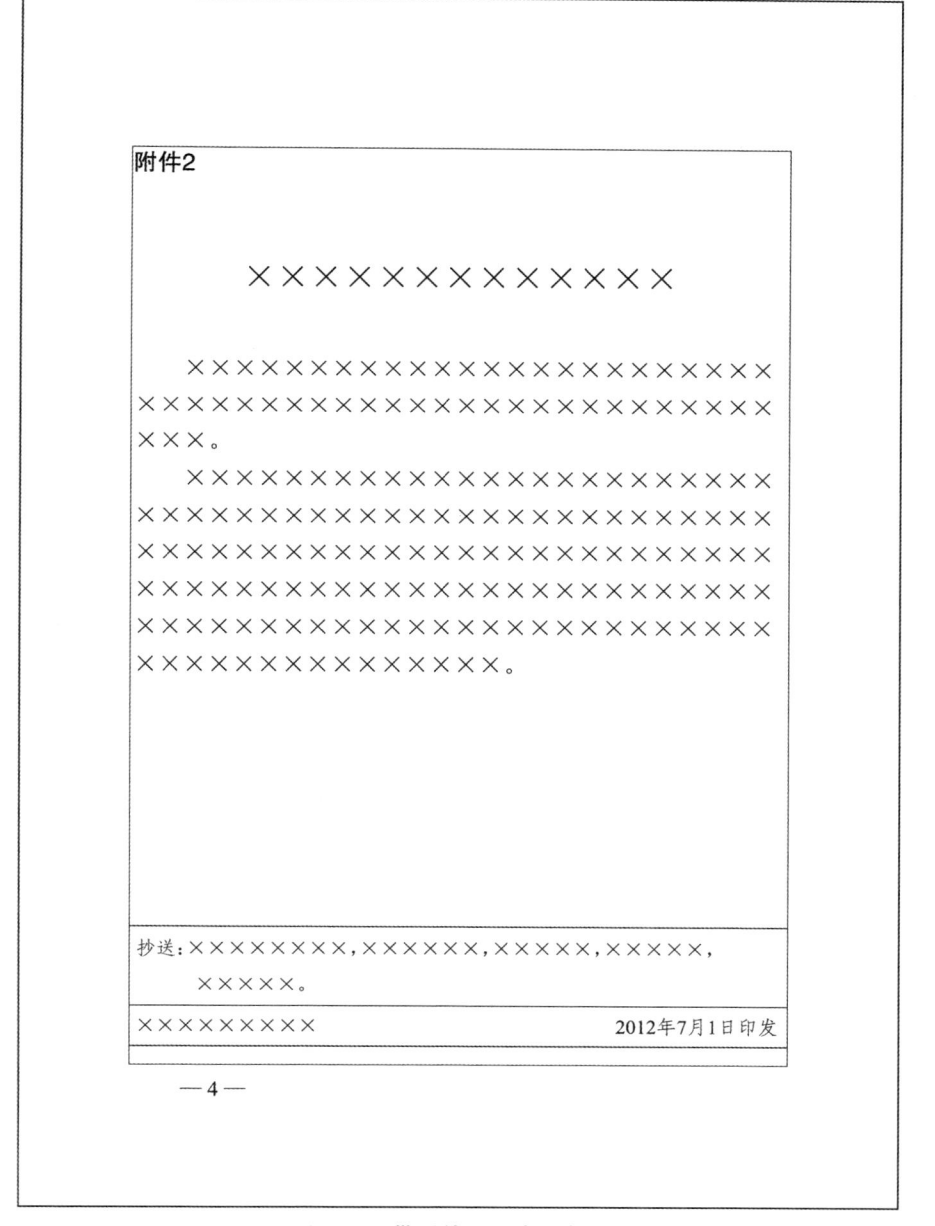

图 10　带附件公文末页版式

注：版心实线框仅为示意，在印制公文时并不印出。

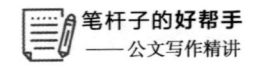

**中华人民共和国×××××部**

000001　　　　　　　　　　×××〔2012〕10号
机　密
特　急

×××××关于×××××××的通知

××××××××：
　　××××××××××××××××××××××××××××××××××××××××××××××××××××××××××××××××××××××××××××××××。
　　×××××××××××××××××××××××××××××××××××××××××××××××××××××××××。
　　××××××××××××××××××××××××××××××××××××××××××××××××××××××××××××××××××××××××××××。

**图 11　信函格式首页版式**

注：版心实线框仅为示意，在印制公文时并不印出。

图 12　命令（令）格式首页版式

注：版心实线框仅为示意，在印制公文时并不印出。

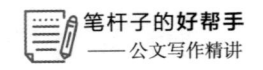

附录三

# 校对符号及其用法

（中华人民共和国国家标准 GB/T14706-93，2010 年 02 月 20 日）

### 1. 主要内容与适用范围

本标准规定了校对各种排版校样的专用符号及其用法。

本标准适用于中文（包括少数民族文字）各类校样的校对工作。

### 2. 引用标准

GB/T9851　印刷技术术语

### 3. 术语

3.1　校对符号 proofreader's mark

以特定图形为主要特征的、表达校对要求的符号。

### 4. 校对符号及用法示例

图片如下：

| 编号 | 符号形态 | 符号作用 | 符号在文中和页边用法示例 | 说　明 |
|---|---|---|---|---|
| | | | 一、字符的改动 | |
| 1 | | 改　正 | 捉高出版物质量。<br>改革开攷 | 改正的字符较多，圈起来有困难时，可用线在页边画清改正的范围。必须更换的损、坏、污字也用改正符号画出 |
| 2 | | 删　除 | 提高出版物物质量。 | |
| 3 | | 增　补 | 要搞好工作。 | 增补的字符较多，圈起来有困难时，可用线在页边画清增补的范围 |
| 4 | | 改正上下角 | 16=42<br>$H_2SO_4$<br>尼古拉·费欣<br>0.25+0.25=0.5<br>举例 2×3=6<br>X:Y=1:2 | |

续表

| 编号 | 符号形态 | 符号作用 | 符号在文中和页边用法示例 | 说　　明 |
|---|---|---|---|---|
| 二、字符方向位置的移动 ||||||
| 5 |  | 转正 | 字符顺意要转正。 | |
| 6 |  | 对调 | 认真经验总结。<br>认真总结经验。 | 用于相邻的字词<br>用于隔开的字词 |
| 7 |  | 接排 | 要重视校对工作。<br>提高出版物质量。 | |
| 8 |  | 另起段 | 完成了任务。明年…… | |
| 9 |  | 转移 | 校对工作，提高出版物质量要重视。<br>"。以上引文均见中文新版《列宁全集》。<br>编者 年 月<br>……<br>各位编委 | 用于行间附近的转移<br><br>用于相邻行首末衔接字符的推移<br><br>用于相邻页首末衔接行段的推移 |
| 10 |  或  | 上下移 | 序号　名称　数量<br>01　显微镜　2 | 字符上移到缺口左右水平线处<br>字符下移到箭头所指的短线处 |
| 11 |  或  | 左右移 | 要重视校对工作，提高出版物质量。<br>3 4 5 6 5<br>欢呼 歌 唱 | 字符左移到箭头所指的短线处<br>字符左移到缺口上下垂直线处<br>符号画得太小时，要在页边重标 |
| 12 |  | 排齐 | 校对工作非常重要。<br>必须提高印刷质量，缩短印制周期。国家标准 | |

— 279 —

续表

| 编号 | 符号形态 | 符号作用 | 符号在文中和页边用法示例 | 说　明 |
|---|---|---|---|---|
| 13 | ⌐_⌐ | 排阶梯形 | RH₂ | |
| 14 | ↥ | 正图 | | 符号横线表示水平位置,竖线表示垂直位置,箭头表示上方 |
| 三、字符间空距的改动 ||||||
| 15 | ∨ ＞ | 加大空距 | 一、校对程序<br>校对胶印读物、影印书刊的注意事项: | 表示在一定范围内适当加大空距<br>横式文字画在字头和行头之间 |
| 16 | ∧ ＜ | 减小空距 | 二、校对程序<br>校对胶印读物、影印书刊的注意事项: | 表示不空或在一定范围内适当减小空距<br>横式文字画在字头和行头之间 |
| 17 | # ⊧ ⫝̸ ⩩ | 空 1 字距<br>空 1/2 字距<br>空 1/3 字距<br>空 1/4 字距 | 第一章校对职责和方法<br>1. 责任校对 | 多个空距相同的,可用引线连出,只标示一个符号 |
| 18 | Y | 分开 | Good morning! | 用于外文 |
| 四、其　他 ||||||
| 19 | △ | 保留 | 认真搞好校对工作。 | 除在原删除的字下画△外,并在原删除符号上画两竖线 |

— 280 —

续表

| 编号 | 符号形态 | 符号作用 | 符号在文中和页边用法示例 | 说明 |
|---|---|---|---|---|
| 20 | ○= | 代替 | 蓝色的程度不同,从浅蓝色到深蓝色具有多种层次,如天蓝色、湖蓝色、海蓝色、宝蓝色……　　○=蓝 | 同页内有两个或多个相同的字符需要改正的,可用符号代替,并在页边注明 |
| 21 | ∵ | 说明 | 第一章　校对的职责　改黑体 | 说明或指令性文字不要圈起来,在其字下画圈,表示不作为改正的文字。如说明文字较多时,可在首末各三字下画圈 |

### 5. 使用要求

5.1 校对校样,必须用色笔（墨水笔、圆珠笔等）书写校对符号和示意改正的字符,但是不能用灰色铅笔书写。

5.2 校样上改正的字符要书写清楚。校改外文,要用印刷体。

5.3 校样中的校对引线要从行间画出。墨色相同的校对引线不可交叉。

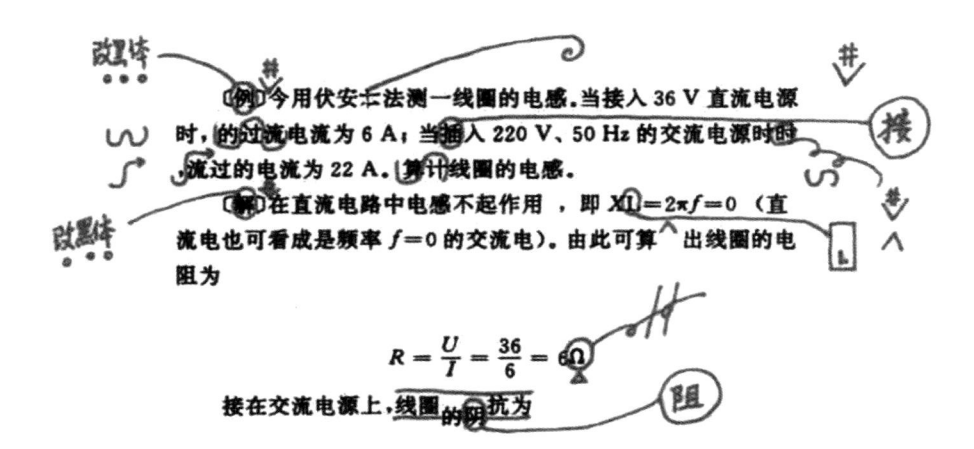

[例] 今用伏安法测一线圈的电感。当接入 36 V 直流电源时,的过电流为 6 A；当插入 220 V、50 Hz 的交流电源时,流过的电流为 22 A。算计线圈的电感。

[解] 在直流电路中电感不起作用, 即 $X_L = 2\pi f = 0$（直流电也可看成是频率 $f=0$ 的交流电）。由此可算出线圈的电阻为

$$R = \frac{U}{I} = \frac{36}{6} = 6\,\Omega$$

接在交流电源上,线圈的抗为

— 281 —

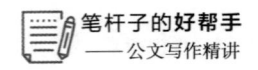

$$Z = \frac{U}{I} = \frac{220}{22} = 10 \, \Omega$$

线圈的感抗为 $X_L = \sqrt{Z^2 - R^2} = \sqrt{10^2 - 6^2} = 8 \, \Omega$

故线圈的电感为

$$L = \frac{X_L}{2\pi f} = \frac{8}{2\pi \times 50} = 0.025 \, H = 25 \, mH$$

## 第七节　电　容　电　路

电容器接在直流电源上，如图3-13甲所示。电路呈断路状态。若把它接在交流电源上，情况就不一样。电容器板上的电荷与其两端电压的关系为 $q = c u_c$。当电压 $u_c$ 升高时，极板上

附加说明：

本标准由中华人民共和国新闻出版署提出。

本标准由全国印刷标准化委员会归口。

本标准由人民出版社负责起草。

# 后 记

之前在《燃旺信仰的火焰》一书提到，还有两本书正在计划出版中。如今，在新华出版社副总编辑赵怀志的悉心帮助下，我撰写的第二本书已经出版发行，第三本书也即将面世，心情特别的激动。

记得在出版《燃旺信仰的火焰》一书后，有些人问我，"你是学汉语言文学专业的吧？""你读书的时候一定文笔非常好。"很遗憾，这些我都不是，我的理论功底并不行，读书的时候写文章也并不厉害。如今能够出版一本书，还被谬赞为"最燃党课"实属幸运，其实比我写书写得好的人比比皆是。

能够出版书籍离不开组织的培养。我在组织部门工作11年，期间还上派到上级政府研究室工作，这些经历让我深刻领悟到"博观而约取，厚积而薄发"这句话的妙义，也深刻领悟到写不好，并不是因为自己没有这份天赋，要想成为一名"笔杆子"也并不是遥不可及的事情，它也有一定的章法，是可以通过认真地学习、训练、总结来提高的。

在浩瀚的书海中，每一本书都等待着有缘人去品读，希望《笔杆子的好帮手》也能找到她最好的归宿。由于我的才疏学浅，书中遗漏和破绽一定不知凡几，也恳请有缘人批评指正。

当然，没有一群人的热情鼓励和无私帮助，本书仍将是遥不可期的未来计划。这里特别向孝感市人民政府研究室的领导和同志们表示衷心的感谢！

聂 鑫

2023 年 7 月 1 日

# 特别鸣谢

李永新　微信公众号"出彩写作"创办人

石头哥　微信公众号"办公室的秘密"创办人

张朝鸿　微信公众号"仕道"创办人

焦佳港　微信公众号"文稿无忧"创办人

陈长锴　微信公众号"老秘网"创办人

熊　文　曾任某中央机关文稿团队主管

覃道明　《文稿起草新八问》作者

李先乔　湖北省孝感市人大常委会副主任、安陆市委书记

范明祥　广东省广州市委财经办秘书处副处长

裴春亮　"最美奋斗者"、党的二十大代表

马　飞　"全国脱贫攻坚先进个人"